DIFICULDADES NA APRENDIZAGEM DA LEITURA

teoria e prática

Questões da Nossa Época
Volume 33

Dados Internacionais de Catalogação na Publicação (CIP)
(Câmara Brasileira do Livro, SP, Brasil)

Nunes, Terezinha
  Dificuldades na aprendizagem da leitura : teoria e prática / Terezinha Nunes, Lair Buarque, Peter Bryant. — 7. ed. — São Paulo : Cortez, 2011. — (Coleção questões da nossa época ; v. 33)

Bibliografia.
ISBN 978-85-249-1773-8

1. Aquisição de linguagem 2. Crianças disléxicas 3. Dislexia 4. Inabilidade na leitura 5. Leitura - Dificuldades 6. Leitura - Ensino corretivo I. Buarque, Lair. II. Bryant, Peter. III. Título. IV. Série.

11-07073   CDD-371.9144

Índices para catálogo sistemático:

1. Crianças : Desordens de leitura : Educação especial   371.9144
2. Desordens de leitura : Crianças : Educação especial   371.9144
3. Leitura : Distúrbios : Correção : Educação   371.9144

Terezinha Nunes
Lair Buarque
Peter Bryant

DIFICULDADES NA APRENDIZAGEM DA LEITURA

teoria e prática

7ª edição
1ª reimpressão

DIFICULDADES NA APRENDIZAGEM DA LEITURA: teoria e prática
Terezinha Nunes • Lair Buarque • Peter Bryant

Capa: aeroestúdio
Preparasão de original: Solange Martins
Revisão: Maria de Lourdes de Almeida
Composição: Linea Editora Ltda.
Coordenação editorial: Danilo A. Q. Morales

Nenhuma parte desta obra pode ser reproduzida ou duplicada sem autorização expressa dos autores e do editor.

© 1992 by Autores

Direitos para esta edição
CORTEZ EDITORA
Rua Monte Alegre, 1074 — Perdizes
05014-001 — São Paulo — SP
Tel.: (11) 3864-0111   Fax: (11) 3864-4290
E-mail: cortez@cortezeditora.com.br
www.cortezeditora.com.br

Impresso no Brasil — março de 2018

Sumário

Apresentação 7

I. Evidência epidemiológica 13

II. As habilidades intelectuais das crianças disléxicas 21
   A. A possibilidade de um déficit perceptual 22
   B. A possibilidade de um déficit linguístico 34

III. Diferentes tipos de dislexias? 53

IV. O desenvolvimento da habilidade de leitura
    e escrita 61
    A. A evolução no processo de alfabetização de
       crianças sem dificuldade de aprendizagem 62
    B. Seria o desenvolvimento das crianças disléxicas
       descrito pelos mesmos estágios no processo de
       desenvolvimento da leitura e escrita? 74
    C. Relações entre o desenvolvimento da escrita
       e da leitura 81

V. Questões práticas sobre as dificuldades de
   aprendizagem da leitura e da escrita 93

Referências bibliográficas 113

Este trabalho foi preparado enquanto o prof. Peter Bryant esteve como Professor Visitante no Mestrado em Psicologia da Universidade Federal de Pernambuco. À Fundação Vitae, ao CNPq e ao Conselho Britânico, cujo apoio possibilitou esse programa de intercâmbio, nossos agradecimentos.

Apresentação*

Quando uma criança ingressa na escola, sua primeira tarefa explícita é aprender a ler e escrever. Embora se espere que a criança aprenda muitas outras coisas em seu primeiro ano de escola, a alfabetização é, sem dúvida alguma, o centro das expectativas de pais e professores. Os pais e a própria criança não têm, em geral, razão para duvidar do sucesso da criança nessa aprendizagem. Uma criança sadia, ao ingressar na escola, já sabe falar, compreende explicações, reconhece objetos e formas desenhadas e é capaz de obedecer a ordens complexas. Não há razão para que ela não aprenda também a ler. No entanto, o que muitas vezes os pais e professores não consideram, é que a leitura e a escrita são habilidades que exigem da criança a atenção a aspectos da linguagem aos quais ela não precisa

---

* Os dados analisados neste estudo incluem uma amostra de diagnósticos e amostras de trabalhos escritos por crianças com dificuldades de aprendizagem. Nossos agradecimentos sinceros são dirigidos aos psicólogos que, com sua atitude científica e seu interesse por uma compreensão maior da questão, permitiram-nos acesso a esses dados. Agradecimentos especiais são dirigidos à psicóloga Maria Eneida Didier do Rêgo Maciel, cuja participação neste trabalho e colaboração constante sempre vêm ampliando nossa perspectiva e compreensão das dificuldades de aprendizagem da leitura.

dar importância, até o momento em que começa a aprender a ler. Por isso, toda criança encontra alguma dificuldade na aprendizagem da leitura e da escrita. A leitura e a escrita exigem dela novas habilidades, que não faziam parte de sua vida diária até aquele momento.

A criança, ao aprender a ler, precisa começar a concentrar-se no fato de que a linguagem falada consiste de palavras e sentenças separadas. É necessário que ela descubra também que as palavras e as sentenças escritas correspondem a essas unidades da fala. Esta é uma forma de compreensão da linguagem que não aparece tão facilmente nas crianças mais novas, como Emilia Ferreiro, pesquisadora argentina, e Ana Teberosky, pesquisadora espanhola, mostraram claramente (Ferreiro e Teberosky, 1985). Uma outra habilidade nova que a alfabetização requer da criança é a necessidade de tomar consciência dos fonemas, o que, até o momento da alfabetização, não foi importante para as habilidades linguísticas da criança. O fonema é a menor unidade sonora que pode afetar o significado de uma palavra. A consciência dos fonemas é importante para a aprendizagem da leitura em um sistema de escrita como o nosso, que é um sistema alfabético, porque as letras do alfabeto representam normalmente os fonemas. Por exemplo, nas palavras "gato" e "pato" temos quatro fonemas, cada um representado por uma única letra; a diferença entre as duas letras iniciais corresponde a uma diferença fonêmica. Se a diferença entre os sons iniciais de gato e pato não fosse uma diferença fonêmica, estaríamos diante de uma só palavra.

A correspondência entre letras e fonemas não é sempre tão simples como nesse exemplo, mas o alfabeto está tão intimamente associado à representação dessas pequenas unidades sonoras chamadas fonemas que parece impossível a uma criança aprender a ler ou a escrever usando o alfabeto, a não ser que compreenda a divisão de palavras e sílabas em fonemas. De fato existe, como veremos, bastante evidência em favor de uma relação íntima entre a consciência que a criança tem desses fonemas e o seu sucesso na aprendizagem da leitura.

As crianças pequenas, em geral, acham extremamente difícil dividir as palavras em fonemas. Essa é uma dificuldade que vamos ilustrar mais tarde, mas, no momento, gostaríamos de enfatizar uma afirmativa de natureza geral: aprender a ler exige novas habilidades e apresenta novos desafios à criança com relação ao seu conhecimento da linguagem. Por isso, aprender a ler é uma tarefa complexa e difícil *para todas as crianças*, e não apenas para aquelas que são disléxicas.

No entanto, algumas crianças têm mais dificuldade do que outras. Até certo ponto, essas diferenças entre as crianças são absolutamente esperadas, pois há uma relação clara entre o sucesso da criança na aprendizagem da leitura e suas habilidades intelectuais avaliadas em testes de inteligência. As crianças que apresentam resultados mais altos nos testes de inteligência (conhecidos como testes de QI) geralmente aprendem a ler e escrever mais rapidamente do que as crianças que apresentam resultados mais baixos nesses testes. Assim, quando observamos que uma criança, cujo resultado nos testes de inteligência apresenta-se baixo, tem dificuldade em aprender a ler, essa dificuldade não é surpreendente. De fato, as dificuldades de aprendizagem nesse caso serão generalizadas. Porém, a relação entre inteligência e sucesso na alfabetização envolve uma correlação alta, mas não perfeita. Em geral, o progresso da criança na leitura corresponde às predições feitas a partir do seu escore em um teste de QI, mas há exceções (Rutter e Yule, 1975). No processo de alfabetização, algumas crianças se saem melhor e outras pior do que esperaríamos delas, a partir de seu nível intelectual. Essas discrepâncias entre o progresso na leitura e a inteligência da criança são, normalmente, pequenas. No entanto, há umas poucas crianças que apresentam discrepâncias extremas entre o que esperaríamos delas a partir de seu nível intelectual e o que elas, de fato, conseguem na aprendizagem da leitura e da escrita. Há crianças cujo progresso na alfabetização é muito melhor do que o esperado a partir da sua inteligência e, infelizmente, há aquelas cujo progresso na aprendizagem da leitura é muito pior do que seria esperado.

As crianças disléxicas pertencem a esse segundo grupo, ou seja, são crianças cujas dificuldades na aprendizagem da leitura e da escrita são muito maiores do que se esperaria a partir do seu nível intelectual. Essas crianças, embora com as mesmas oportunidades que as outras crianças têm para aprender a ler, recebendo motivação adequada, pais que as apoiam suficientemente e capacidades intelectuais normais ou até mesmo acima do normal, mostram progresso na alfabetização surpreendentemente mais lento do que o de seus colegas da mesma idade e do mesmo nível intelectual.

Quando pensamos nas dificuldades das crianças disléxicas dessa forma, parece-nos bastante provável que a diferença entre as crianças disléxicas e as outras crianças seja quantitativa. Todas as crianças têm dificuldades na aprendizagem da leitura, que é uma atividade complexa. Até certo ponto, o ritmo em que elas superam essas dificuldades pode ser antecipado a partir de seu nível de inteligência. No entanto, algumas crianças vencem essas dificuldades mais rapidamente e outras mais lentamente do que esperaríamos com base no seu nível de inteligência. A maioria dessas discrepâncias é pequena, mas em alguns casos chegam a ser consideráveis. A criança disléxica apresenta uma discrepância acentuada na direção desfavorável, ou seja, sua aprendizagem de leitura e escrita é muito mais lenta do que seria esperado a partir do seu nível intelectual.

Segundo essa análise, todas as crianças aprendem a ler e escrever basicamente da mesma forma, mas algumas vencem as dificuldades dessa aprendizagem com maior facilidade do que outras. As diferenças entre as crianças seriam, portanto, quantitativas. Existe, entretanto, uma outra possibilidade: as diferenças entre as crianças disléxicas e as demais crianças podem ser qualitativas, e não quantitativas. É possível que as crianças disléxicas encontrem dificuldades *diferentes* na aprendizagem da leitura e da escrita e que elas tenham de lidar com obstáculos que, normalmente, não afetam as outras crianças na alfabetização.

A questão sobre a *natureza* quantitativa ou qualitativa das diferenças entre as crianças disléxicas e as demais crianças é uma das questões mais básicas e mais importantes para a compreensão da dislexia. A resposta a essa pergunta tem implicações importantes para o tratamento das crianças disléxicas. Se as diferenças forem quantitativas, os métodos usados para ensinar a maioria das crianças que obtêm sucesso também serão apropriados para ajudar as crianças disléxicas a superar seus problemas. Embora as crianças disléxicas tenham maior dificuldade que as outras crianças e provavelmente precisem de mais atenção, se as diferenças entre esses dois grupos de crianças forem apenas quantitativas, as diferenças no ensino também serão uma questão de quantidade, isto é, as crianças disléxicas simplesmente precisam de mais horas de ensino. Por outro lado, se existirem diferenças qualitativas entre as crianças disléxicas e as outras crianças, os métodos de ensino mais efetivos para as crianças disléxicas poderão ser radicalmente diferentes daqueles efetivos para as outras crianças, devendo ser planejados em razão dos obstáculos encontrados pelas crianças em sua aprendizagem.

Há quatro fontes de informação sobre essa questão de diferenças quantitativas *versus* qualitativas entre as crianças com dificuldade de aprendizagem e as outras crianças. Essas fontes são:

- A evidência epidemiológica, que informa basicamente sobre a proporção de crianças disléxicas em uma comunidade;
- As comparações entre a natureza das habilidades intelectuais das crianças disléxicas e das crianças que leem conforme o esperado, de acordo com sua idade e seu nível intelectual;
- As evidências sobre as diferenças entre crianças disléxicas entre si;
- A análise dos estágios no desenvolvimento dos processos de leitura e escrita e sua comparação com os estágios observados entre crianças disléxicas.

I

Evidência epidemiológica

A ideia da existência de diferenças qualitativas entre as crianças disléxicas e as outras crianças resulta na concepção da dislexia como uma doença. As crianças disléxicas são percebidas como tendo um problema específico, que não afeta as outras crianças. É esse o significado de uma diferença qualitativa. Essa concepção da dislexia tem implicações para a proporção de crianças disléxicas que esperaríamos encontrar numa população.

Se a dislexia for uma condição semelhante a uma doença, os padrões normais de variação nas habilidades de leitura deveriam ser perturbados. Esperamos — e normalmente encontramos — um padrão particular de variação quando analisamos a distribuição das habilidades das crianças em leitura e escrita. Essa distribuição dos níveis de habilidade é conhecida como *distribuição normal* (ver Figura 1).

Essa distribuição indica que a maioria das crianças tem uma habilidade média, mas há também muitas crianças que mostram um desempenho superior ou inferior à média. A curva da distribuição normal tem propriedades matemáticas interessantes, das quais apenas duas serão discutidas aqui. A primeira propriedade é que quanto maior a diferença entre o número de pontos obtido por uma criança em uma avaliação e a média, menor será o número de crianças apresentando aquele número de pontos. A segunda propriedade é que a curva normal é simétrica, isto é, existem mais ou menos o mesmo número de crianças com resultados acima e abaixo da média.

A análise da distribuição dos resultados em avaliações de leitura e escrita constitui uma pista importante para o exame da questão das diferenças qualitativas ou quantitativas entre as crianças disléxicas e as demais crianças. Se as diferenças forem quantitativas, as dificuldades das crianças disléxicas fazem parte de um contínuo natural, sendo incluídas na mesma distribuição normal que descreve as variações de escores em leitura e escrita para todas as crianças. No entanto, se as diferenças forem qualitativas, as crianças disléxicas deveriam constituir um grupo à parte e a distribuição normal seria perturbada. A existência de um obstáculo completamente diferente à aprendizagem dessas crianças manteria um pequeno grupo de crianças na parte inferior da curva que, com exceção desse pequeno grupo, mostraria uma distribuição normal. Assim, deveríamos encontrar uma desproporção entre o número de crianças que se saem pior e o número de crianças que se saem melhor do que a média nos testes de leitura, destruindo a simetria da curva.

Assim, podemos examinar os dados epidemiológicos, que são estudos da distribuição da habilidade da leitura em amostras significativas de crianças, e verificar se essas habilidades estão distribuídas normalmente ou se existe um acúmulo de crianças com desempenho muito inferior à média, em comparação com a proporção de crianças com desempenho muito superior à média.

Existe, no entanto, uma pequena complicação a ser considerada nessa análise. Como vimos, as habilidades de leitura estão relacionadas ao nível intelectual. Como os níveis intelectuais apresentam uma distribuição normal, as variações entre as crianças no nível intelectual poderiam terminar impondo uma curva normal sobre as variações nas habilidades de leitura. Por essa razão, não podemos lidar com os dados brutos dos testes de leitura, mas devemos considerar as influências do nível intelectual ao fazer essa análise. Sabemos que a maioria das crianças lê de acordo com as predições a partir de seu nível intelectual, mas algumas se saem melhor e outras pior do que o esperado. O importante para a questão de diferenças quantitativas *versus* qualitativas é, então, examinarmos a *distribuição das discrepâncias entre desempenho esperado e desempenho observado,* e não a distribuição dos escores brutos de leitura. Se a hipótese quantitativa estiver correta, *as discrepâncias* entre a habilidade de leitura esperada e observada nas crianças deveriam mostrar uma distribuição normal e, portanto, simétrica, como na Figura 1.

Deveríamos encontrar a mesma proporção de crianças que leem muito melhor que o esperado (hiperléxicas) e de crianças que leem muito pior do que o esperado (disléxicas). Por outro lado, se a hipótese qualitativa for correta, deveríamos encontrar mais crianças na parte inferior da curva do que na parte superior da distribuição, como na Figura 2.

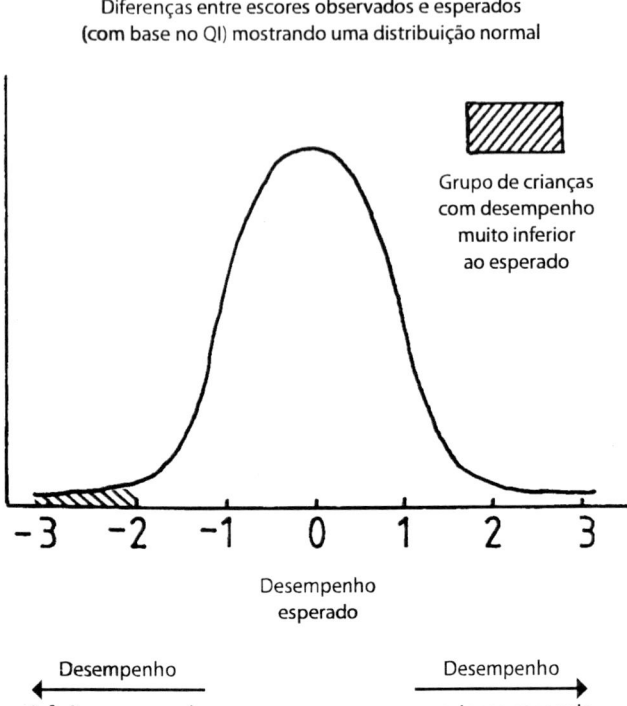

Figura 1
Diferenças entre escores observados e esperados (com base no QI) mostrando uma distribuição normal

A evidência com relação a essa questão é muito simples. O primeiro estudo epidemiológico relevante foi realizado numa ilha pequena e relativamente próspera, localizada na costa sul da Inglaterra. Esse estudo, que é conhecido como "estudo da Ilha de Wight", pareceu ter produzido evidências a favor da existência de diferenças qualitativas (Rutter e Yule, 1975) e foi o primeiro a utilizar as técnicas de regressão estatística, constituindo-se, ainda hoje, no estudo epidemiológico que o fez da forma mais clara. Anteriormente, os trabalhos relacionados às dificuldades de leitura simplesmente relatavam o número de crianças com nível de inteligência (QI) normal e cujo progresso na aprendizagem da leitura era mais lento que a média. O estudo da Ilha de Wight foi além, mais detalhado: com a ajuda de novas técnicas estatísticas os pesquisadores puderam detectar, por exemplo, algumas crianças cujos níveis de leitura situavam-se na média, mas, ainda assim, bem abaixo dos níveis esperados, prognosticados pelos escores obtidos no teste de inteligência.

O estudo da Ilha de Wight envolveu todas as crianças de 9 e 10 anos que moravam na ilha. Essas crianças foram testadas em várias habilidades. Entre essas, havia um teste de inteligência e um teste padronizado de habilidade de leitura. Como o número de crianças no estudo era muito grande, tornou-se possível analisar a relação entre esses dois testes — isto é, analisar a correlação entre os resultados nos testes de inteligência e os resultados nos testes de leitura — e, com base nessa informação, atribuir a cada criança um escore esperado em habilidade de leitura. Esse escore esperado foi, então, comparado àquele efetivamente observado no teste.

O resultado mais importante desse estudo foi a observação de que a distribuição das discrepâncias entre escore esperado e observado não era normal (como na Figura 1), mas assimétrica (como na Figura 2). Observou-se um acúmulo de crianças na parte inferior da distribuição. Como a ilha de Wight é um local próspero, os problemas de leitura apresentados por esse grupo não puderam ser atribuídos à privação. É interessante acrescentar que, quando os mesmos pesquisadores repetiram o estudo numa área pobre ao sul de Londres, eles encontraram uma incidência bem maior de dificuldades de aprendizagem em leitura. No entanto, havia um problema com os dados obtidos no estudo da Ilha de Wight. O teste de leitura usado no estudo parecia ser muito fácil para o grupo e, de modo especial, muito fácil para as crianças, cujas habilidades de leitura estavam mais desenvolvidas. Muitas crianças não cometeram nenhum erro no teste, o que acarretou a situação absurda de resultados *esperados* com valores acima de 100% de respostas corretas. Tais resultados não podiam, obviamente, ser observados e, portanto, tomou-se também impossível obter, em um número grande de crianças, escores reais significativamente mais elevados que os escores preditos.

Estudos subsequentes mostraram a validade desta interpretação alternativa da assimetria da curva. Citaremos aqui apenas um, embora todos os outros estudos epidemiológicos realizados na Inglaterra tenham levado à mesma conclusão.

Rodgers (1985) examinou a relação entre QI e desempenho num teste de leitura num grupo de mais de 8 mil crianças com 10 anos de idade, usando um teste padronizado de leitura diferente, que não estava sujeito às mesmas limitações do teste utilizado no estudo da Ilha de Wight. Ao analisar as discrepâncias entre os escores esperados e os escores observados em leitura, Rodgers não encontrou nenhum sinal de acúmulo de crianças na parte inferior da curva. A distribuição era perfeitamente simétrica, constituindo, portanto, evidência a favor da existência de diferenças quantitativas, e não qualitativas, entre as crianças com dificuldade de aprendizagem e as outras crianças.

Figura 2

Diferenças entre escores observados e esperados (com base no QI) mostrando uma distribuição assimétrica, com um número maior de crianças na parte inferior do que na superior da curva

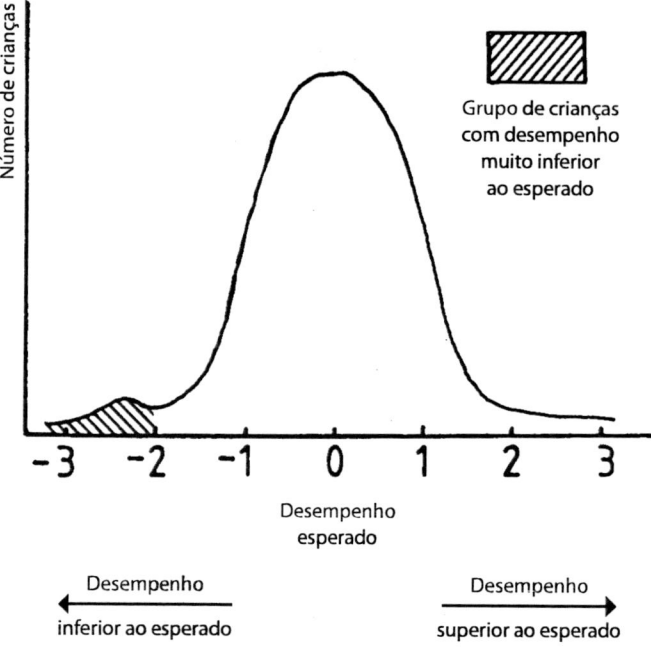

II

As habilidades intelectuais das crianças disléxicas

A distribuição normal encontrada no estudo de Rodgers e em outros estudos de natureza epidemiológica apoia, mas não prova, a hipótese quantitativa. Ainda podemos imaginar que a simetria observada na curva esconda a existência de diferenças qualitativas reais entre crianças disléxicas e as outras crianças. As crianças que encontram mais dificuldade podem, na realidade, ter de vencer obstáculos diversos daqueles encontrados pelas crianças que encontram menos dificuldade. A fim de analisarmos se esse é o caso, é necessário considerarmos os obstáculos encontrados, de fato, pelas crianças ao aprenderem a ler e escrever, os quais, até agora, discutimos apenas hipoteticamente.

Como é possível analisar esses obstáculos? Há diversas maneiras de examinar a natureza exata das dificuldades que as crianças disléxicas têm ao ler, mas a mais popular tem sido através de experimentos psicológicos. Uma grande variedade desses experimentos já foi realizada, mas a sua lógica é sempre a mesma. O pesquisador tem uma hipótese sobre a natureza da diferença entre crianças disléxicas e normais. Usualmente essa hipótese é de natureza qualitativa e pressupõe que as crianças disléxicas não têm alguma das habilidades essenciais à aprendizagem da leitura que as outras crianças tem. Assim, para as crianças disléxicas, os problemas de leitura resultariam do fato de que elas não dispõem de uma habilidade importante para a aquisição da leitura. Essa hipótese é, então, testada num experimento em que um grupo de crianças disléxicas e um grupo de crianças que leem normalmente são avaliadas em testes que medem a habilidade em questão. Se as crianças do grupo disléxico obtiverem resultados significativamente inferiores aos das outras crianças, os experimentadores concluem que encontraram evidências em favor de sua hipótese relativa à diferença entre as crianças disléxicas e as outras crianças — uma diferença que pode explicar as dificuldades que as crianças disléxicas encontram ao aprender a ler e escrever.

A. A possibilidade de um déficit perceptual

Quando neurologistas e psicólogos começaram a examinar a natureza dos problemas observados entre as crianças disléxicas, eles se voltaram, em primeiro lugar, para a análise de habilidades hoje consideradas periféricas à leitura e escrita: as habilidades perceptuais. Esses pesquisadores pioneiros no campo supuseram que as crianças disléxicas encontravam dificuldades na aprendizagem da leitura por serem portadoras de algum defeito em sua maneira de apreender a informação contida na página impressa. Uma das razões para a concentração dos esforços em hipóteses dessa natureza foi a disponibilidade de técnicas para o estudo da percepção, as quais estavam relativamente bem desenvolvidas nessa época, enquanto havia uma escassez de métodos para análise de aspectos mais centrais do comportamento intelectual, como o raciocínio ou as habilidades linguísticas.

1. A ideia de um déficit visual

Uma das primeiras hipóteses a serem exploradas nesse tipo de experimento foi a de que as crianças disléxicas sofrem de algum tipo de problema visual. Muitos dos primeiros trabalhos experimentais com crianças disléxicas analisaram essa hipótese. A lógica da hipótese de um déficit visual é a seguinte: a linguagem escrita, que causa dificuldade às crianças, envolve a tradução da linguagem falada em símbolos visuais. As crianças disléxicas são capazes de lidar com a linguagem falada, já que falam e compreendem o que os outros dizem. Portanto, argumentava-se, sua dificuldade deveria estar no aspecto visual da leitura e da escrita.

A versão mais conhecida dessa hipótese foi apresentada por Orton (1925, 1928), um neurologista norte-americano, que propôs uma explicação específica de natureza visual para as dificuldades das crianças disléxicas. Orton salientava que é necessário que prestemos atenção à direção das letras nas páginas, não sendo suficiente o reconhecimento das formas. As letras "p" e "q", por exemplo, têm a mesma forma, mas uma orientação diferente. Similarmente, as letras "n" e "u", "b" e "d" têm a mesma forma e orientações diferentes. Além disso, as sílabas podem ter as mesmas letras, mas em ordem diferente. Por exemplo: as palavras "esta" e "seta" contêm as mesmas letras, mas são diferentes porque a ordem das duas primeiras letras é diferente. Orton observou, corretamente, que todas as crianças têm dificuldades iniciais com esses aspectos direcionais, lendo letras e palavras na direção errada, confundindo "b" e "d" ou "seta" e "esta", por exemplo. No entanto, na maioria das crianças, esta é apenas uma fase passageira, segundo Orton, enquanto essas dificuldades persistiriam no caso das crianças disléxicas, tornando-se a razão principal de suas dificuldades de leitura.

Orton argumentava, ainda, que há uma base neurológica para essa dificuldade específica. O cérebro é simétrico e consiste de dois hemisférios — o direito e o esquerdo. Anatomicamente, esses dois hemisférios são imagens em espelho um do outro. Orton julgava que esta organização simétrica explicava por que as crianças normalmente encontram dificuldade quando discriminam figuras simétricas. Ele propunha que os hemisférios direito e esquerdo precisam tornar-se diferenciados, antes que a criança possa discriminar, facilmente, formas que são imagens em espelho uma da outra. Essa diferenciação constitui parte do desenvolvimento neurológico normal, segundo Orton, mas, nas crianças disléxicas, esse desenvolvimento viria muito tarde ou poderia mesmo não acontecer.

Existem duas partes na teoria de Orton. Uma refere-se a uma possível confusão pelas crianças disléxicas entre os lados direito e esquerdo, em geral, bem como entre as letras e as palavras que diferem apenas em direção. A outra parte da hipótese de Orton é que essa confusão resulta de um desenvolvimento neurológico imperfeito. A primeira dessas duas ideias pode ser testada experimentalmente. Se dermos a crianças de nível de leitura normal e a crianças disléxicas tarefas em que elas devam discriminar formas que diferem apenas em orientação e outras que diferem também em outros aspectos, podemos verificar se crianças disléxicas têm dificuldades acentuadas com as formas que diferem apenas em orientação. No entanto, Orton não realizou esse experimento, crucial para a sua própria hipótese, e suas ideias permaneceram simples especulações por muito tempo. Posteriormente, outros grupos de pesquisadores obtiveram evidências cruciais com relação a essa hipótese. Liberman e seus colegas nos Estados Unidos (Liberman, Shankweiler, Orland, Harris e Berti, 1972), e Lyle (1969), na Austrália, examinaram os erros cometidos por crianças com dificuldades de leitura, ao ler e escrever, e também por outras crianças que tinham atingido, aproximadamente, o mesmo nível de leitura. Esses pesquisadores desejavam saber quantos desses erros poderiam ser atribuídos a confusões entre letras simétricas ou palavras simétricas. Os dois resultados mais importantes desses estudos foram: 1) Poucos erros cometidos, tanto pelas crianças com atraso na leitura, quanto pelas outras crianças, poderiam ser atribuídos às inversões de imagens hipotetizadas por Orton; 2) Não havia nenhuma indicação de que as crianças disléxicas cometessem mais erros de inversão do que as outras crianças. Estudos posteriores produziram, mais ou menos, os mesmos resultados. Assim, a hipótese inicial de Orton não foi confirmada. Em relação às letras e palavras simétricas, as crianças disléxicas não demonstram dificuldade mais acentuada do que outras crianças que se encontram no mesmo nível de leitura.

Examinemos agora o lado neurológico da hipótese de Orton, que é extremamente importante na história das concepções de dislexia, porque Orton propunha, como explicação básica da dislexia, uma ausência de dominância cerebral. Essa hipótese é, certamente, a mais importante de todas as hipóteses neurológicas sobre as crianças disléxicas. Na época em que Orton propôs essa hipótese, parecia claro que, na maioria dos adultos, os hemisférios esquerdo e direito desempenham papéis especializados: o hemisfério esquerdo, via de regra, está relacionado ao comportamento verbal, enquanto o hemisfério direito está mais relacionado à informação espacial, não verbal. A ideia básica de Orton era que essa diferenciação entre as funções dos hemisférios direito e esquerdo é que torna possível às pessoas a distinção entre direita e esquerda. Ele também julgava que essa especialização se desenvolvia durante a infância e que esse desenvolvimento estava atrasado nas crianças disléxicas, o que resultaria nas confusões visuais, às quais ele atribuía as dificuldades de leitura das crianças disléxicas.

Essa hipótese de Orton resultou em muitos estudos sobre o desenvolvimento da "dominância cerebral" (isto é, o controle do comportamento linguístico pelo hemisfério esquerdo). No entanto, esses estudos produziram muito pouca evidência de que existe menor dominância cerebral nas crianças disléxicas do que em outras crianças (Spreen, 1977). Em primeiro lugar, devemos salientar que não há evidência de que as crianças disléxicas demonstrem mais confusões entre direita e esquerda do que outras crianças do mesmo nível de leitura. O estudo da Ilha de Wight (Rutter e Yule,1975) estabeleceu que as crianças disléxicas responderam a questões sobre direita e esquerda (do tipo, "mostre minha mão direita") melhor do que outras crianças do mesmo nível de leitura.

Uma outra forma de se avaliar a dominância cerebral é através de testes criados para avaliar se o hemisfério esquerdo da criança lida com a informação linguística mais eficientemente do que o hemisfério direito. Um método comumente usado para tal finalidade é a apresentação de informação auditiva, separadamente, ou ao ouvido direito ou ao ouvido esquerdo, e a apresentação de informação visual ou ao campo visual do hemisfério esquerdo ou ao do hemisfério direito. A lógica desses estudos é de que a informação, chegando ao ouvido direito ou ao campo visual do hemisfério direito, vai em primeiro lugar para o hemisfério esquerdo. Portanto, se o hemisfério esquerdo tiver sido especializado para a linguagem, deve existir, no ouvido direito e no campo visual direito, uma vantagem no processamento da informação. Essa vantagem seria manifestada em reações mais rápidas e mais efetivas às informações apresentadas no lado direito. Existe, hoje, evidência significativa para demonstrar essa vantagem na maioria das crianças (Spreen, 1977). Há, também, alguma evidência, embora inconsistente, de que a força dessas vantagens aumenta nas crianças com o crescimento. Assim, a ideia de que o problema básico nas crianças disléxicas é um desenvolvimento neurológico comparativamente lento, o qual resulta numa ausência de dominância cerebral, levaria à predição de que, para crianças disléxicas, não deveria existir ou uma vantagem do ouvido direito ou uma vantagem do campo visual do hemisfério direito. Essa predição extrema demonstrou estar errada nos estudos constantes da literatura.

Os estudos que analisam a vantagem do ouvido direito mostram, consistentemente, que esta vantagem está presente nas crianças disléxicas mais velhas (Spreen, 1977). Portanto, a existência da dislexia não pode depender de uma ausência de dominância cerebral, se considerarmos a vantagem do ouvido direito uma boa medida dessa dominância. Existem algumas indicações na literatura de que a vantagem no ouvido direito talvez não seja tão acentuada entre as crianças disléxicas como em outras crianças (Witelson, 1976), mas essas evidências não são conclusivas. É possível que a força da vantagem do ouvido direito resulte, até certo ponto, das experiências de leitura de uma criança. Assim sendo, essa menor vantagem observada entre as crianças disléxicas, se comparadas às crianças bem-sucedidas, poderia resultar de suas dificuldades de leitura e não causá-las. Com relação à vantagem do campo visual direito, os resultados também são muito inconsistentes para permitir alguma conclusão (Spreen, 1977). Alguns estudos (Witelson, 1977) produziram dados consistentes com a ideia de que essa vantagem é mais forte nas crianças normais do que nas crianças disléxicas, enquanto outros demonstraram uma vantagem tão forte nas crianças disléxicas quanto nas outras crianças.

O último tipo de evidência relacionada à hipótese neurológica de Orton se refere à dominância manual. Existe uma crença forte de que a dominância manual esquerda ou a dominância visual esquerda estão, de alguma forma, associadas à dislexia. Essa crença tem sido relacionada às ideias de Orton sobre o desenvolvimento mais lento da lateralização em crianças disléxicas. No entanto, já se constatou que essa crença não tem apoio nos estudos epidemiológicos. Esses estudos, incluindo o da Ilha de Wight (Rutter e Yule, 1975), mostraram claramente que não existe nada diferente no padrão de dominância manual ou dominância visual entre as crianças disléxicas (Rutter, 1977).

O fato de que a primeira hipótese sobre a existência de um déficit visual e neurológico não foi comprovada não significa, é claro, que outras possibilidades de problemas visuais ou neurológicos não possam explicar a dislexia. Mencionaremos mais tarde outras hipóteses neurológicas e analisaremos agora o tema da deficiência visual em maiores detalhes.

É possível que as crianças disléxicas levem desvantagem ou sejam mais lentas do que as outras crianças no reconhecimento de formas em geral. Uma diferença dessa natureza provavelmente constituiria uma deficiência, uma vez que, ao ler, muitas pessoas podem reconhecer algumas palavras como um todo, com base em sua forma global. Muitos pesquisadores tentaram demonstrar, através de experimentos, que as crianças disléxicas, de fato, apresentam problemas no reconhecimento de formas. Um estudo desta natureza foi feito, por exemplo, por Lyle e Goyen (1975), que trabalharam com um grupo de crianças atrasadas em leitura e um grupo de crianças do mesmo nível de idade, as quais liam e escreviam normalmente para sua idade. Eles apresentaram às crianças uma série de formas abstratas, uma de cada vez, por um período muito breve. Depois de ver cada uma dessas formas, o experimentador mostrava às crianças outras formas, uma das quais era aquela que as crianças tinham acabado de ver. A tarefa das crianças era identificar a forma apresentada anteriormente. Lyle e Goyen esperavam que as crianças atrasadas em leitura seriam piores do que as outras nessa tarefa. De fato, essa hipótese foi confirmada. Os experimentadores concluíram que tinham estabelecido a existência de um déficit visual nas crianças com dificuldade de leitura. As crianças disléxicas teriam dificuldades no reconhecimento de formas visuais e, portanto, no reconhecimento de palavras escritas. Esta seria a razão de sua dificuldade de aprendizagem.

Existe, no entanto, uma falha no estudo de Lyle e Goyen. Sua hipótese era uma hipótese causal, pois eles argumentavam que as crianças disléxicas leem com dificuldade *porque* têm dificuldade em reconhecer formas. Seu estudo, porém, não nos permite afastar uma hipótese alternativa, que consiste na interpretação oposta: as crianças disléxicas podem ter dificuldade no reconhecimento de formas abstratas exatamente porque leem mal.

Essa segunda hipótese não é absurda. Os dois grupos no experimento, como vimos, eram grupos da mesma idade. As crianças em ambos os grupos tinham seis e sete anos. Assim, o nível de leitura das crianças que leem normalmente era de seis e sete anos, enquanto o nível de leitura das crianças com atraso era, por definição, inferior. Isso significa que as crianças com níveis normais de leitura poderiam ser melhores no reconhecimento de formas porque tinham experiências mais positivas no reconhecimento de formas abstratas, como as letras. Em outras palavras, o fato de que elas fizeram maior progresso na leitura poderia constituir a explicação para sua superioridade na tarefa de reconhecimento de formas.

Sempre que for feita uma comparação entre as crianças disléxicas e as outras crianças, essa questão precisa ser considerada, a fim de evitar falhas no planejamento do estudo. Esse tipo de erro, no planejamento experimental, impede que formemos conclusões sólidas a respeito dos resultados de Lyle e Goyen. No entanto, há muitos outros estudos com resultados sem ambiguidades, os quais lançam dúvidas sobre a hipótese de um déficit visual como explicação para a dislexia. O mais famoso desses estudos é um conjunto de experimentos feitos pelo psicólogo norte-americano F. R. Vellutino (1979, 1987). Vellutino argumentava que a forma correta de se estudar a ideia de que as crianças disléxicas se atrasam na leitura em consequência de problemas visuais é apresentando-lhes tarefas de aprendizagem nas quais elas devem aprender a reconhecer e discriminar formas visuais, após muitas apresentações. Se a aprendizagem de formas visuais for importante para a aprendizagem da leitura, à medida que as crianças são expostas à leitura elas devem tornar-se capazes de reconhecer palavras como formas familiares. Assim, Vellutino apresentou a grupos de crianças disléxicas e de crianças normais tarefas em que elas deveriam reconhecer algumas formas não familiares de natureza abstrata. Ele observou, em diversos experimentos, que essas tarefas visuais não eram mais difíceis para as crianças disléxicas do que para as crianças que liam num nível apropriado para sua idade. Vellutino concluiu, justificadamente, que seus experimentos lançavam dúvidas sobre a hipótese de um déficit visual.

A ideia de que existe um déficit visual na dislexia é uma ideia simples e atrativa, mas, até o momento, não existe evidência convincente a favor dessa explicação. Em contrapartida, já existe bastante evidência contra essa hipótese. No entanto, ainda é possível que algumas crianças disléxicas sofram de um problema visual, enquanto outras sofram de outro tipo de dificuldade. Mais adiante, vamos lidar com essa possibilidade na sessão sobre diferenças individuais entre crianças disléxicas.

2. Relações entre visão e audição

Os problemas envolvendo a percepção visual podem estar relacionados à dislexia de uma outra maneira. A fim de aprender a ler, é necessário estabelecer uma conexão entre os sons e as palavras que você ouve (informação auditiva) e as palavras escritas que você vê (informação visual). É possível que as crianças disléxicas não tenham dificuldades visuais ou auditivas específicas, mas apresentem dificuldade ao fazer as conexões entre esses dois sentidos.

Essa hipótese foi analisada pelo psicólogo norte-americano Birch (Birch e Belmont, 1964). Ele planejou um experimento no qual comparou crianças atrasadas em leitura com outras que liam bem para sua idade. Como ele não testou o QI das crianças, não é possível dizer se elas eram disléxicas, caindo abaixo das expectativas de desempenho ou não. Todas as crianças receberam uma tarefa na qual deveriam estabelecer uma conexão entre um padrão auditivo e um visual. Elas ouviam uma série de batidas com o lápis em cima da mesa. Entre as batidas havia intervalos relativamente curtos ou longos. Um exemplo de um padrão desse tipo seria uma batida seguida por um intervalo relativamente longo e três outras separadas por intervalos curtos, um padrão que podemos representar visualmente como X XXX. Após ouvir esse padrão auditivo, as crianças deviam decidir qual de três padrões visuais consistia em uma representação do padrão auditivo que elas tinham acabado de escutar. Birch e Belmont observaram que as crianças com dificuldade de leitura se saíam pior nessa tarefa do que as outras crianças e concluíram que as crianças disléxicas encontram dificuldades especiais em conectar padrões visuais e padrões auditivos. A dificuldade no estabelecimento desse tipo de conexão poderia ser a explicação fundamental da dislexia.

Essa hipótese é muito interessante, mas logo encontrou grandes dificuldades diante dos dados obtidos através de experimentos. A maior delas é que a explicação para as dificuldades das crianças atrasadas na leitura pode não residir no estabelecimento das conexões entre formas visuais e formas auditivas, como foi argumentado por Birch. Há várias outras possibilidades. Uma delas seria que as crianças poderiam não ter percebido ou lembrado os padrões auditivos muito bem — seu problema seria de memória. Outra possibilidade seria que as crianças disléxicas podem ter dificuldades na discriminação de padrões visuais. Finalmente, uma terceira hipótese poderia residir no fato de que o padrão auditivo era um padrão temporal, uma série de batidas seguida por outra, após um intervalo de tempo, enquanto os padrões visuais eram espaciais. Assim, a dificuldade poderia residir não na conexão entre visão e audição, mas entre padrões temporais e espaciais. Na verdade, essas alternativas podem ser facilmente separadas e foi um outro pesquisador norte-americano, Bryden (1972), quem analisou a diferença entre essas hipóteses. Ele apresentou a crianças com níveis adequados de leitura e disléxicas uma série de tarefas diferentes em que elas deveriam discriminar padrões auditivos, visuais espaciais e temporais, e fazer conexões entre padrões visuais temporais e visuais espaciais bem como fazer conexões entre padrões auditivos e visuais temporais. Se a hipótese de Birch fosse correta, as crianças disléxicas deveriam ser piores que as outras, especificamente nas tarefas visuais e auditivas. O seu problema com esse tipo de tarefa deveria ser muito maior do que sua dificuldade em outras tarefas que envolvessem apenas padrões visuais ou auditivos. No entanto, nos resultados encontrados, não houve indicação de uma dificuldade acentuada na relação entre os dois sentidos. Quando os experimentos adequados foram realizados, tornou-se claro que as crianças disléxicas são capazes de estabelecer conexões entre a visão e a audição da mesma forma que as outras crianças. Deve-se acrescentar, ainda, que diversos experimentos realizados após o estudo inicial de Bryden (1972) levaram exatamente às mesmas conclusões. O fracasso das hipóteses principais sobre uma explicação perceptual para a dislexia levou os pesquisadores a considerar uma outra possibilidade: a ideia de que os problemas sejam de natureza mais central, e não perceptuais. Mais especificamente, os pesquisadores começaram a investigar hipóteses de natureza cognitiva e linguística como explicações para a dislexia.

B. A possibilidade de um déficit linguístico

O fracasso da hipótese perceptual encorajou os pesquisadores a examinarem habilidades mais centrais. Essa mudança de direção na pesquisa foi facilitada pelo fato de que, nessa época, as técnicas para o estudo da cognição e da linguagem estavam tornando-se mais sofisticadas.

1. O padrão de escores em testes de inteligência verbal e não verbal

Como a leitura é uma atividade linguística, a ideia de que as crianças disléxicas possam sofrer de alguma deficiência linguística parece bastante plausível. Essa sugestão é apoiada, mas não comprovada, pelo padrão de resultados que as crianças disléxicas produzem nos testes de inteligência. A maioria dos testes de inteligência está dividida, mais ou menos igualmente, em problemas verbais, que envolvem vocabulário, definições etc., e problemas não verbais, usualmente testes das habilidades espaciais das crianças. Há hoje muitos estudos indicando que os escores das crianças disléxicas são, em geral, mais baixos nas tarefas verbais do que nas não verbais. Isso sugere que as dificuldades de leitura das crianças disléxicas poderiam resultar de alguma deficiência verbal. Alguns pesquisadores com interesse em neurologia foram ainda mais longe na interpretação desse padrão de resultados, sugerindo que a dislexia pode ser causada por alguma anormalidade no hemisfério cerebral esquerdo, que resultaria nas diferenças entre QI verbal e não verbal. Essa é uma outra hipótese neurológica importante sobre as causas da dislexia, mas até hoje não existe evidência direta que a sustente. O único argumento favorável a essa hipótese é muito indireto. Esse argumento centra-se na ideia de que as crianças disléxicas têm dificuldades especiais com a linguagem —, a linguagem é controlada principalmente pelo hemisfério esquerdo —, portanto, a dislexia seria um problema do hemisfério esquerdo.

Antes porém de decidir se a dislexia é causada por dificuldades da linguagem que surgem como consequência de um problema neurológico, é necessário estabelecer uma relação causal entre as dificuldades da linguagem e a dislexia. A diferença entre o QI verbal e não verbal observada entre crianças disléxicas sugere — mas não estabelece — a existência de dificuldades linguísticas como causas da dislexia. A relação causa-efeito pode, na realidade, ser na direção oposta. Os escores baixos das crianças disléxicas nos testes verbais podem resultar, e não serem causa, de seus problemas de leitura. As crianças disléxicas têm pouca exposição à leitura e, portanto, são privadas de experiências linguísticas específicas à língua escrita. Esse fato pode ser a causa, e não a consequência, do seu desempenho pobre nas tarefas de QI verbal.

De fato, existe um estudo sugestivo de que o baixo desempenho das crianças disléxicas nos testes de QI verbal é, provavelmente, uma consequência, e não a causa, de suas dificuldades de leitura. Bishop e Butterworth (1980), pesquisadores ingleses, avaliaram em um teste de inteligência um grupo grande de crianças em duas ocasiões: a primeira, quando elas tinham quatro anos de idade e, portanto, antes de sua entrada na escola, e a segunda, quando elas tinham oito anos de idade, depois que já tinham passado três anos na escola. Nessa segunda ocasião, os pesquisadores avaliaram também as habilidades de leitura das crianças e observaram que algumas delas eram disléxicas. Dessa forma, Bishop e Butterworth puderam analisar o padrão dos resultados obtidos nos testes de inteligência e observaram que as crianças disléxicas demonstravam um QI verbal tão alto quanto o seu QI não verbal na idade de quatro anos. No entanto, o padrão familiar de desempenho verbal abaixo do desempenho não verbal nas crianças disléxicas foi observado posteriormente, na idade de oito anos. Portanto, só depois que as crianças começaram a aprender a ler é que elas passavam a apresentar desempenho mais baixo nos testes de QI verbal. Isso leva à conclusão de que as crianças que têm dificuldade de leitura apresentam um desempenho verbal mais baixo somente após terem suas experiências linguísticas restringidas por suas dificuldades de leitura, uma explicação que contradiz o que se pensava anteriormente.

Entretanto, até o momento, não podemos ter certeza de que a relação causa/efeito entre habilidades linguísticas e aprendizagem da leitura exista em uma direção e não na outra. É importante analisarmos outros experimentos para verificarmos se existem evidências de que as crianças disléxicas sofrem de um problema linguístico especial.

Que dificuldade linguística específica poderia afligir as crianças disléxicas? Já foram sugeridas diferentes possibilidades, discutidas a seguir.

2. Deficiências possíveis na memória verbal

Quando se compara, em testes de memória de palavras, o desempenho de crianças disléxicas ao de outras crianças da *mesma idade* que não têm um problema específico de leitura, as crianças disléxicas demonstram desempenho inferior. No entanto, as diferenças observadas podem não ser a causa da dificuldade de leitura nas crianças disléxicas. Diversos estudos constatam as dificuldades na memória verbal entre crianças disléxicas com relação às outras da mesma idade. Por exemplo, num experimento pediu-se aos dois grupos de crianças para lembrar palavras em uma condição experimental, e faces na outra condição (Holmes e McKeever, 1979, Liberman, Mann, Shankweiler e Werfelman, 1982). Os dois grupos se saíram igualmente bem na tarefa de memória de faces, mas as crianças disléxicas mostraram desempenho inferior na memória de palavras. Já se observou, também, que as crianças disléxicas se saem mal em tarefas nas quais devem aprender novos rótulos verbais para padrões específicos. Esse resultado foi estabelecido por Vellutino (1979), cujo trabalho com estímulos visuais já foi descrito anteriormente. Resultados semelhantes são observados em experimentos sobre a memória de palavras. As crianças disléxicas levam mais tempo para realizar tarefas que envolvem dizer o nome de figuras ou objetos, adjetivos ou símbolos familiares (como faca, azul, número quatro) que outras crianças da mesma idade (Denckla e Rudel, 1976). Os resultados de ambos os estudos confirmam a ideia de que as crianças disléxicas apresentam atrasos verbais gerais que podem resultar em atrasos específicos da leitura.

Entretanto, encontramos novamente uma lacuna na evidência experimental usada para justificar a ideia de que os problemas verbais sejam causadores da dislexia. Todos os estudos mencionados, até agora envolveram comparações entre crianças disléxicas e outras crianças *da mesma idade*. Porém, como já observamos, isso significa que as outras crianças tinham uma idade de leitura mais avançada e, portanto, a diferença entre os dois grupos poderia ser consequência, e não causa, das diferenças nas habilidades de leitura dos dois grupos. A evidência em favor da hipótese de que as dificuldades de memória verbal causam a dislexia é, pois, ambígua. A solução para esse problema é realizar estudos com um planejamento experimental diferente. Se trabalharmos com dois grupos comparáveis não em sua idade cronológica, mas em sua idade de leitura, poderemos analisar melhor as relações entre deficiências linguísticas e dislexia. Isso significa que, quando se deseja estudar um grupo de crianças com dez anos de idade, por exemplo, mas apresentando um nível de leitura equivalente ao de crianças de sete anos, as crianças disléxicas devem ser comparadas a outras crianças de sete anos, cujas habilidades de leitura sejam adequadas para sua idade. Os dois grupos estarão no mesmo nível de leitura e, portanto, nenhuma diferença entre eles pode ser atribuída ao fato de que as outras crianças têm mais experiências com a linguagem através da leitura.

Esse tipo de planejamento experimental mais bem controlado — que é chamado de "emparelhamento pelo nível de leitura" — já foi usado, com sucesso, para testar uma terceira hipótese sobre outra possível dificuldade verbal de crianças disléxicas, descrita a seguir.

3. Consciência da gramática

Não existe dúvida de que a gramática desempenha um papel na leitura. Quando as crianças começam a ler, elas rapidamente compreendem que o significado e a gramática das sentenças escritas oferecem indicações importantes, auxiliando-as na decodificação de palavras de difícil leitura. As crianças usam parte das sentenças para predizer ou antecipar as palavras que virão a seguir no texto e essa antecipação facilita a leitura.

Assim, a gramática e o significado de um texto são recursos importantes que a criança pode usar na aprendizagem da leitura. No entanto, para utilizar esses recursos, é necessário que a criança seja sensível à gramática e que ela seja capaz de estabelecer relações entre gramática e significado.

Dois estudos extremamente importantes sugerem que as crianças disléxicas podem ter dificuldades com essa forma de conhecimento linguístico e que essa pode ser uma das causas de seus problemas na aprendizagem da leitura. Um desses estudos foi feito por três psicólogos australianos Tunmer, Nesdale e Wright (1987). Eles compararam crianças com atraso em leitura a outras crianças do mesmo nível de leitura, usando o planejamento do emparelhamento pelo nível de leitura. Foram apresentadas a essas crianças diversas tarefas, porém a mais interessante, do nosso ponto de vista, foi aquela em que as crianças ouviam sentenças não gramaticais e deveriam corrigi-las. Um grupo de sentenças era não gramatical apenas porque as palavras estavam na ordem errada: por exemplo, "ANDOU SUZANA BICICLETA DE". Num outro grupo, havia erros gramaticais: por exemplo, "*MAMÃE FIZERAM O ALMOÇO*". As crianças com atraso em leitura tinham maior dificuldade em corrigir as sentenças do que as outras crianças mais jovens, cujo nível de leitura era normal para sua idade e idêntico ao das crianças mais velhas com atraso em leitura. Esse resultado é extremamente importante e sugere que, embora as crianças com atraso em leitura saibam usar a gramática perfeitamente quando falam, elas têm maiores dificuldades ao fazer julgamentos explícitos sobre sentenças gramaticais. Como resultado dessa dificuldade, elas podem ter menor habilidade no uso da gramática como recurso auxiliar na busca do significado de uma frase escrita.

O segundo estudo que desejamos descrever parece estabelecer diretamente a tese de que as crianças disléxicas, de fato, apresentam esse tipo de dificuldade. Guthrie (1973), um psicólogo norte-americano, comparou um grupo de crianças disléxicas com 10 anos de idade a um grupo de crianças de sete anos de idade, sendo que ambos os grupos mostravam desempenho em leitura equivalente a sete anos de idade. As crianças leram um texto e, em diversos momentos pedia-se a elas que escolhessem, dentre três palavras, uma que elas julgassem ser a palavra correta a inserir naquele ponto no texto. Por exemplo, uma das frases usadas na tarefa era:

"OS (CAVALOS/FLORES/FALARAM) SACUDIRAM AS ORELHAS."

As crianças deveriam decidir se a palavra a inserir no texto deveria ser CAVALOS, FLORES ou FALARAM. O texto seguia:

"ELES (TINHAM/ERA/ALGUM) OUVIDO A VOZ DO GUARDA FLORESTAL. ELES ESTAVAM PREPARADOS PARA (SEGUIR/ANTES/VIRAR) A VIAGEM."

Algumas das palavras apresentadas não combinavam com o significado da passagem, mas eram da classe gramatical apropriada. Outras não se encaixavam no texto, nem por seu significado, nem pela classe gramatical. Guthrie observou que as crianças sem dificuldades de leitura escolhiam a palavra correta muito mais vezes do que as crianças disléxicas, embora aquelas fossem mais jovens e tivessem idade mental mais baixa do que as crianças disléxicas. Nos erros das crianças disléxicas, observava-se a escolha da classe gramatical incorreta com muito maior frequência do que nos erros das crianças que não tinham atraso em leitura. Esse estudo constitui uma evidência convincente de que as crianças disléxicas têm menor habilidade que as outras crianças para utilizar na leitura o significado e a gramática de um texto. Os estudos de Guthrie e de Tunmer, Nesdale e Wright têm uma conclusão importante: há fundamento, do ponto de vista empírico, para a hipótese de que uma das causas da dislexia pode ser a dificuldade de as crianças disléxicas fazerem julgamentos gramaticais explícitos e usá-los como recurso durante a leitura.

4. Consciência fonológica

O sucesso dos estudos sobre a consciência gramatical leva-nos a considerar uma outra forma de consciência linguística, a *consciência fonológica*. Todas as crianças que aprendem a falar, inclusive as disléxicas, têm habilidades fonológicas importantes e desenvolvem essas habilidades muito rapidamente e, também, muito antes da alfabetização. As palavras, como já discutimos anteriormente, podem ser analisadas em termos de pequenas unidades sonoras chamadas *fonemas*. As crianças usam esses fonemas como informações relevantes para sua linguagem com grande habilidade e distinguem palavras com base em um único fonema. Como vimos, a diferença entre "pato" e "gato" reside apenas na discriminação do fonema inicial; as crianças já começam a reconhecer essa diferença claramente antes de completarem o seu segundo ano de vida.

No entanto, usar fonemas para discriminar palavra, é muito diferente de fazer julgamentos específicos sobre a análise de palavras em fonemas. Existem muitos estudos que mostram que todas as crianças encontram dificuldades iniciais em fazer esse tipo de julgamento explícito. Por exemplo, Bruce (1964), um pesquisador inglês, mostrou que crianças de cinco anos de idade têm dificuldade em saber qual seria a forma de uma palavra se eliminássemos um dos sons da palavra. Se pedirmos a uma criança para dizer a palavra "gato" sem o seu primeiro som ou "mamão" sem o último som, estaremos exigindo da criança a habilidade de subtrair um som de uma palavra. Esse tipo de tarefa é resolvido sem dificuldade apenas em torno de oito anos de idade, conforme os resultados observados por Bruce. Similarmente, Liberman e seus colaboradores no Laboratório Haskins (Liberman, Shankweiler, Fischer e Carter, 1974; Liberman, Shankweiler, Liberman, Fowler e Fischer, 1978; Liberman, Shankweiler e Liberman, 1989) nos Estados Unidos pediram às crianças que batessem com o lápis sobre a mesa marcando o número de sons que elas julgassem existir em uma lista de palavras: por exemplo, quatro batidas para "gato" e três batidas para "cão". Liberman e colaboradores observaram que crianças com cinco anos de idade simplesmente não conseguiam dominar essa tarefa, embora conseguissem dominar tarefas em que as batidas devessem corresponder ao número de sílabas numa palavra. Aos cinco anos, as crianças demonstravam dominar a consciência explícita das sílabas, mas não a dos fonemas.

Tais dificuldades são muito interessantes porque, quando as crianças aprendem a ler, elas precisam descobrir que letras individuais representam fonemas isolados. Assim, se as crianças têm dificuldade em reconhecer explicitamente que as palavras podem ser analisadas em fonemas, é provável que tenham também dificuldade em aprender a ler. Esse é um obstáculo que parece afetar todas as crianças e não apenas as disléxicas. No entanto, é interessante perguntarmos se existiria, em relação à consciência fonológica, uma dificuldade maior no caso das crianças disléxicas.

Dois grupos de resultados experimentais parecem sugerir que, de fato, as crianças disléxicas têm maior dificuldade com a análise fonológica das palavras do que as outras crianças. O primeiro grupo de estudos envolveu tarefas nas quais as crianças executavam a leitura de palavras reais ou inventadas. As palavras inventadas são as que constituem sequência de sons, mas não têm nenhum significado, como "renco" ou "atuê". Os pesquisadores utilizam de palavras inventadas em estudos de habilidades de leitura a fim de evitar a possibilidade de que as crianças simplesmente reconheçam as palavras de uma maneira mais global, sem considerar as letras e a sequência de sons existentes nas palavras. As palavras reais podem, pelo menos em princípio, ser reconhecidas de modo global, mas as inventadas são, naturalmente, desconhecidas para a criança e, portanto, não podem ser lembradas como padrões globais. Uma criança que consegue ler palavras inventadas demonstra compreender a relação entre sons e letras usada na escrita das palavras inventadas.

Dois estudos (Frith e Snowling, 1983; Snowling, 1987; Baddely, Ellis, Miles e Lewis, 1982) realizados na Inglaterra sugerem que as crianças disléxicas são especialmente fracas na leitura de palavras inventadas. As duas investigações usaram o planejamento experimental do emparelhamento pela idade de leitura, comparando, portanto, crianças disléxicas com outras crianças do mesmo nível de leitura e menor idade cronológica. Em ambas as pesquisas, as crianças deveriam ler listas de palavras reais e de palavras inventadas. Os resultados desses estudos foram consistentes, mostrando que as crianças disléxicas liam as palavras reais tão bem quanto as outras crianças, uma vez que os grupos haviam sido emparelhados por sua idade de leitura. No entanto, as crianças disléxicas apresentavam dificuldade muito maior na leitura de palavras inventadas. Sendo possível para as crianças reconhecer palavras reais (e, portanto, familiares) como padrões globais e impossível usar essa estratégia na leitura de palavras inventadas, é bastante provável que as crianças disléxicas tenham uma dificuldade maior ao utilizar a análise da palavra na leitura do que as outras crianças.

O fato de que crianças disléxicas são piores na leitura de palavras inventadas sugere, mas não demonstra, que elas têm uma consciência menos clara da estrutura fonológica das palavras quando ouvem ou falam. É necessário obter uma avaliação mais direta dessa hipótese para se estabelecer que, de fato, a consciência fonológica das crianças disléxicas mostra-se deficiente.

A evidência mais clara em favor dessa hipótese vem de um estudo que envolve uma forma diversa de consciência fonológica, a consciência da rima e da aliteração. As palavras e sílabas faladas podem ser divididas em outras unidades de som além dos fonemas. Os monossílabos "pão", "mão" e "chão" rimam, o que significa que eles todos têm algum som em comum. Esse som, "ão", é apenas uma parte da sílaba mas consiste em mais de um fonema. Sons que rimam são importantes na aprendizagem da leitura porque, através das rimas, a criança (e a professora) podem agrupar palavras que têm sons em comum e que também são representadas na escrita com as mesmas letras, como o "ão" de "pão", "mão" e "chão". Já existem na literatura sobre a alfabetização em inglês evidências de que as crianças às vezes utilizam essas unidades sonoras que formam rimas para identificar palavras escritas. A rima, portanto, desempenha um papel significativo na aprendizagem da leitura em inglês.

Existe também evidência de que a consciência da rima, frequentemente, encontra-se pouco desenvolvida em crianças disléxicas. Bradley e Bryant (1978), na Inglaterra, compararam em dois testes de rima o desempenho de um grupo de 60 crianças disléxicas, de 10 anos de idade, com o de crianças sem dificuldades de leitura, de 7 anos de idade, usando o modelo do emparelhamento pela idade da leitura. Em um dos testes, o experimentador dizia quatro palavras, três das quais rimavam entre si, enquanto a quarta não rimava com nenhuma delas. A tarefa das crianças era identificar qual das quatro palavras não rimava com as outras. No segundo teste, pedia-se às crianças que dissessem o maior número de palavras que rimassem com uma palavra indicada pelo examinador. Esse procedimento era repetido várias vezes com muitas palavras. Em ambos os testes, as crianças disléxicas cometeram mais erros, embora fossem mais velhas. Reconhecer e produzir rimas não era uma tarefa fácil para elas.

Portanto, já existe evidência de que as crianças disléxicas têm dificuldades na construção da consciência fonológica. Elas demonstram maior dificuldade em se tornar conscientes da estrutura fonológica das palavras, mesmo quando comparadas a crianças mais jovens com igual desempenho em leitura.

5. Diferenças linguísticas e a controvérsia quantitativa/qualitativa

Vimos, anteriormente, que os estudos experimentais não apoiam de modo convincente a existência de um déficit perceptual como explicação para a dislexia. No entanto, existe evidência considerável para a importância de dois fatores linguísticos: consciência explícita de regras gramaticais e consciência da estrutura fonológica de palavras e sílabas. Que importância tem a identificação desses dois fatores para a controvérsia sobre a existência de diferenças qualitativas ou quantitativas entre as crianças disléxicas e as outras crianças?

Consideremos em primeiro lugar a questão da consciência fonológica, uma vez que os estudos relevantes a essa questão são mais numerosos. Esses estudos parecem indicar que as diferenças entre as crianças disléxicas e as outras crianças são quantitativas, e não qualitativas, no que se refere à consciência fonológica. Todas as crianças, como vimos, têm inicialmente dificuldade em se tornar conscientes da estrutura fonológica de sua língua. Essa dificuldade pode explicar as diferenças entre as crianças quanto a sua maior ou menor facilidade na alfabetização, uma vez que já se demonstrou que a consciência fonológica é essencial à compreensão do código alfabético. Portanto, as crianças disléxicas podem simplesmente estar na parte inferior do contínuo da habilidade de consciência fonológica. Algumas crianças tornam-se conscientes dos sons com maior facilidade, outras com maior dificuldade. As primeiras aprenderiam a ler mais facilmente e mostrariam desempenho em leitura acima do esperado com base em seu nível intelectual. As crianças disléxicas simplesmente seriam aquelas que ficam no lado desfavorecido do contínuo da consciência fonológica e, portanto, mostram um desempenho em leitura e escrita bem abaixo do que seria esperado a partir de seu nível intelectual.

A explicação qualitativa parece bem menos provável. Ela implicaria em supor que a maioria das crianças atinge facilmente um nível de consciência fonológica suficiente para a aprendizagem da leitura e que, nesse grupo, não existe relação entre o nível de consciência fonológica e a aprendizagem da leitura. No entanto, as crianças disléxicas não conseguiriam atingir o nível de consciência fonológica necessário para aprender a ler. Consequentemente, as dificuldades de consciência fonológica constituiriam um problema para as crianças disléxicas e não para as outras crianças.

A diferenciação entre essas duas formas da hipótese qualitativa ou quantitativa é muito simples. Se a hipótese quantitativa for a correta, deve existir uma relação entre a consciência fonológica e o desempenho em leitura tanto entre as crianças disléxicas quanto nas demais crianças. Quanto melhor as crianças se saem nos testes de consciência fonológica, melhor seu desempenho em leitura e escrita. Assim, um estudo que mostre a existência de correlação entre esses dois fatores em toda a população esclareceria essa questão. De preferência, esse estudo deveria ser longitudinal, uma vez que se deseja estabelecer a causalidade na relação entre consciência fonológica e desempenho em leitura. É necessário avaliar a consciência fonológica num grupo grande de crianças antes que elas comecem a aprender a ler, e acompanhar seu progresso em leitura durante alguns anos.

Diversos estudos desta natureza já foram feitos e todos indicaram a existência de uma correlação significativa entre: 1) o nível de consciência fonológica demonstrado pelas crianças bem antes que elas comecem a aprender a ler, e 2) seu sucesso mais tarde na aprendizagem da leitura e da escrita. Um estudo desta natureza foi realizado por Lundberg, Olofson e Wall (1980) na Suécia. Esses pesquisadores investigaram a consciência da rima e dos fonemas entre as crianças um ano antes do início de sua alfabetização e, posteriormente, acompanharam seu progresso durante os dois primeiros anos na escola. Ambas as medidas de consciência fonológica, e a consciência da rima, de modo especial, permitiram predizer o nível de sucesso das crianças na alfabetização.

Um outro estudo em grande escala foi feito na Inglaterra por Bradley e Bryant (1983) e confirmou os resultados observados na Suécia. Bradley e Bryant avaliaram 400 crianças de quatro e cinco anos quanto a sua consciência da rima e seu progresso posterior na aprendizagem da leitura nos três anos subsequentes. Eles avaliaram também o desempenho das crianças em aritmética a fim de verificar a hipótese de uma relação específica entre consciência fonológica e aprendizagem de leitura, em contraste com uma relação geral, que não fosse ligada a habilidades específicas. A demonstração de uma efetiva relação específica entre consciência fonológica e leitura poderia ser verificada caso se obtivesse correlação entre esses dois fatores, mas não entre consciência fonológica e aprendizagem da aritmética. Esse padrão de resultados foi, de fato, observado. Obteve-se uma correlação forte entre a sensibilidade das crianças à rima aos quatro e cinco anos de idade e seu sucesso posterior na alfabetização, mas não se obteve correlação entre sensibilidade à rima e desempenho em aritmética.

Os estudos de Lundberg, Olofson e Wall e de Bradley e Bryant bem como muitos outros apontam as mesmas direções: a relação entre consciência fonológica e alfabetização é de natureza geral e aparece em toda a população. Esses estudos mostram diferenças individuais consideráveis em consciência fonológica distribuídas conforme a curva normal na população e a participação dessa consciência ao nível geral no desempenho em leitura e escrita, independentemente das crianças serem bons ou maus leitores. Portanto, pode-se concluir que há uma diferença quantitativa, e não qualitativa, entre as crianças disléxicas e as outras crianças em relação à consciência fonológica e à leitura.

Não se pode afirmar o mesmo com relação ao outro fator importante na aprendizagem da leitura, a consciência das regras gramaticais, porque as evidências não são ainda suficientes para a elucidação dessa controvérsia. Não foram realizados ainda estudos longitudinais e correlacionais em grande escala que permitam conclusões mais claras sobre a natureza quantitativa ou qualitativa da relação entre esses dois fatores.

III

Diferentes tipos de dislexias?

Discutimos, até agora, a questão da dislexia como se as crianças disléxicas constituíssem um grupo homogêneo, todas com as mesmas dificuldades e apresentando os mesmos problemas de leitura e escrita. No entanto, qualquer profissional que trabalhe com crianças disléxicas sabe que essa ideia de homogeneidade não pode ser mantida. As crianças que apresentam dificuldade parecem cometer erros distintos e abordar a leitura de modo diverso. Essas diferenças, como veremos a seguir, têm sido usadas como evidência para se apoiar a hipótese de que existem diferenças qualitativas entre as crianças disléxicas e as outras crianças. Se existirem diferenças qualitativas entre vários tipos de dislexia, talvez também existam diferenças qualitativas entre as crianças disléxicas e as crianças com níveis normais de leitura.

Esse argumento precisa ser analisado com cautela, uma vez que contém o pressuposto implícito de que todas as crianças que aprendem a ler, sem dificuldade, o fazem da mesma maneira. No entanto, esse pressuposto pode não ser correto. Da mesma forma que as crianças disléxicas parecem abordar a leitura de modo diferente, as outras crianças também mostram essas diferenças quando comparadas entre si. A questão crucial, aqui, seria saber se as crianças disléxicas e as demais crianças podem ser subdivididas nos mesmos subgrupos, quanto à maneira como encaram a tarefa de leitura. Se esses subgrupos forem os mesmos, não teríamos razão para supor a existência de diferenças qualitativas entre as crianças disléxicas e as outras. Por outro lado, se os subgrupos forem diversos, poderíamos concluir pela provável existência de diferenças qualitativas entre as crianças disléxicas e as outras crianças.

A primeira pesquisadora a tentar estabelecer a existência de diferenças qualitativas entre crianças disléxicas foi Eleanor Boder (1973), psicóloga norte-americana. Ela notou a existência de erros distintos, tanto na escrita como na leitura, entre diferentes crianças. Ao analisar essas diferenças, Boder classificou as crianças disléxicas em três grupos. O grupo mais numeroso foi denominado "disfonético". Essas crianças pareciam exibir as dificuldades de consciência fonológica que discutimos até agora. Elas são insensíveis à rima e à estrutura fonológica das palavras e, por essa razão, têm dificuldade em usar as correspondências letra-som na leitura e escrita. Os erros exibidos por essas crianças, tanto na leitura como na escrita, demonstram grandes desvios do ponto de vista da relação entre o que está escrito e o que é lido. Esses resultados não são surpreendentes porque já sabemos que as crianças disléxicas têm dificuldade em construir a consciência fonológica.

No entanto, o segundo grupo descrito por Boder é surpreendente. Boder afirmou ter identificado um grupo relativamente pequeno de crianças disléxicas que não cometia esses erros e parecia utilizar bem as correspondências letra-som na escrita e na leitura. Essas crianças, segundo Boder, tinham uma dificuldade visual e, por isso, foram denominadas "diseidéticas". Suas dificuldades específicas surgiam quando as palavras eram irregulares do ponto de vista da correspondência letra-som, como as palavras *ought*, *one* ou *laugh*, por exemplo, em inglês. Essas palavras são abundantes em inglês (mas não em português). Boder acreditava que a única forma de se ler essas palavras seria através de um reconhecimento global do padrão visual e que esse segundo grupo de crianças disléxicas sofria de alguma dificuldade nesse tipo de reconhecimento.

O terceiro grupo de crianças disléxicas, segundo Boder, apresentaria os dois tipos de dificuldade.

A análise de Boder identificou caminhos importantes para a compreensão dos erros de leitura e escrita, porém suas conclusões não são convincentes. O mesmo padrão de diferenças individuais observado entre as crianças disléxicas poderia também surgir entre as outras crianças. Embora seja correto notar que algumas crianças disléxicas cometem mais erros de um tipo do que de outro na leitura e escrita, o mesmo pode acontecer com as outras crianças. É possível que algumas crianças sem dificuldade de leitura tendam a apoiar-se mais nas correspondências letra-som, enquanto outras apoiam-se mais nos padrões visuais globais.

Críticas dessa natureza foram feitas ao estudo de Boder e a outros posteriores (Temple e Marshall, 1983; Coltheart, Masterson, Byng, Prior e Riddoch, 1983) que procuraram apoiar-se na ideia de que diversos tipos de dislexia indicam diferenças qualitativas, entre as crianças disléxicas e as outras crianças. Esses estudos foram baseados numa analogia entre a dislexia do desenvolvimento, que vimos discutindo até agora, e as dislexias adquiridas, que são observadas em consequência de lesões cerebrais resultantes de acidentes ou da remoção de um tumor cerebral.

As dislexias adquiridas são classicamente divididas em diferentes tipos de síndrome. Por exemplo, alguns pacientes são chamados de "disléxicos fonológicos" porque seus problemas parecem estar baseados nas dificuldades de utilização das relações letra-som. Esses pacientes encontram grandes dificuldades na leitura de palavras inventadas ou palavras pouco familiares, especialmente as mais longas como "paralelepípedo". Em contraste, outros pacientes, sofrendo de dislexia adquirida parecem não ter dificuldade em utilizar as correspondências letra-som na leitura, mas apresentam dificuldades visuais. Esse segundo grupo de pacientes não tem dificuldade em ler palavras regulares, ainda que elas sejam longas, ou mesmo palavras inventadas, mas apresenta grande dificuldade na leitura de palavras irregulares, embora elas sejam frequentes (como *laugh*). Foi esse o padrão aparentemente encontrado por Boder entre as crianças disléxicas, o que encorajou os pesquisadores a fazerem analogias entre esses dois tipos de dislexia adquirida — dislexia fonológica e dislexia de superfície — e as dislexias de desenvolvimento. No entanto, essas analogias precisam de confirmação empírica, que envolve a demonstração de que as diferenças entre as crianças disléxicas não são como as diferenças entre as crianças sem dificuldade em leitura.

A questão é descobrir se as crianças sem dificuldade na alfabetização mostram exatamente os mesmos padrões de erro, ou parecendo abordar a leitura como uma tarefa fonológica e, por conseguinte, cometendo muitos erros visuais, ou abordando a leitura como uma tarefa visual, cometendo, consequentemente, muitos erros fonológicos. O primeiro pesquisador a propor que essas diferenças podem ser observadas em toda a população de crianças foi o pesquisador norte-americano Baron (1979; Baron e Treiman, 1980). Ele sugeriu que existem dois grupos principais de pessoas com relação à abordagem da leitura. Um grupo ele denominou "fenícios" e o outro "chineses". A razão para a escolha desses nomes peculiares foi que os fenícios foram os inventores do sistema alfabético enquanto a ortografia chinesa é principalmente visual, uma vez que as palavras não são analisadas em termos de seus sons, mas representadas por meio de símbolos individuais, o que requer dos chineses uma leitura em termos de padrões globais. Baron apresentou a crianças com níveis de leitura normal dois grupos de palavras, sendo um deles de palavras regulares (como *cut, bone, sweet*) e outro de palavras irregulares (como *put, gone, sword*), as quais não podem ser lidas com base na regra fonológica simples de uma letra para cada som. Ambos os grupos eram compostos por palavras bastante frequentes. Baron observou que algumas crianças mostravam desempenho superior na leitura da lista de palavras regulares e outras na leitura de palavras irregulares. O primeiro grupo de crianças, segundo Baron, seria o grupo de "fenícios", uma vez que elas pareciam utilizar basicamente as correspondências letra-som ao ler, enquanto o segundo grupo seria o de "chineses", uma vez que as crianças deste grupo pareciam utilizar estratégias mais globais, identificando com maior facilidade palavras que não poderiam ser lidas apenas com base nas correspondências letra-som. A partir desses resultados, Baron parece ter identificado diferenças individuais importantes entre as crianças, no que diz respeito a sua abordagem à leitura. Essa proposta foi reforçada pelos resultados de um estudo realizado por Bryant e Impey (1986) na Inglaterra. Nesse estudo, os pesquisadores utilizaram testes que haviam sido usados para identificar tipos supostamente diferentes de dislexias de desenvolvimento, a dislexia fonológica e a de superfície, que seriam paralelas às adquiridas. Os testes foram apresentados a crianças com aprendizagem perfeitamente normal. O estudo mostrou que exatamente as mesmas diferenças observadas entre crianças disléxicas nesses testes apareciam entre crianças normais. Algumas crianças parecem apoiar-se mais no reconhecimento visual das palavras ao ler, enquanto outras recorrem principalmente às regras fonológicas. A única diferença observada entre as crianças disléxicas e aquelas com níveis normais de leitura (usando o controle do emparelhamento por idade de leitura) foi que as crianças disléxicas eram piores do que as outras na leitura de palavras inventadas. Este resultado confirma estudos anteriores, já discutidos aqui, e apoia a ideia de que as principais dificuldades das crianças disléxicas envolvem a consciência fonológica, sendo-lhes mais difícil, portanto, a utilização das correspondências letra-som. No entanto, todas as crianças enfrentam essas dificuldades, sendo que, no caso das crianças disléxicas, elas são mais acentuadas em termos quantitativos.

Conclusões

A revisão de estudos feita nessa seção permite-nos chegar a duas conclusões principais.

A primeira é que as análises da distribuição da habilidade de leitura na população indicam existir um contínuo na dificuldade exibida pelas crianças ao aprenderem a ler. As diferenças entre as crianças disléxicas e as outras são quantitativas, e não qualitativas.

A segunda conclusão relaciona-se às causas da dislexia. Os experimentos analisados indicam que as diferenças entre os dois grupos quanto às habilidades que apoiam o desenvolvimento da leitura e da escrita também são quantitativas, e não qualitativas. As crianças disléxicas têm maiores dificuldades em dois tipos de atividades relacionadas ao sucesso na aprendizagem da leitura. Primeiro, sua compreensão explícita das regras gramaticais é mais fraca e, consequentemente, elas têm maior dificuldade em utilizar as indicações gramaticais durante a leitura. Segundo, sua consciência da estrutura fonológica das palavras é limitada, o que resulta em dificuldades na utilização de correspondências letra-som. Os experimentos sugerem que ambas as dificuldades podem representar fatores causais na produção da dislexia.

IV

O desenvolvimento da habilidade de leitura e escrita

Vimos, na seção anterior, que não existem evidências indicando diferenças qualitativas entre as crianças disléxicas e as outras crianças, quanto as suas habilidades intelectuais básicas à execução da leitura. Analisaremos, agora, os padrões de desenvolvimento observados na evolução da leitura e escrita em crianças sem dificuldade de aprendizagem, a fim de verificar se existem razões para suspeitarmos de diferenças qualitativas na evolução da leitura e escrita de crianças com dificuldade de aprendizagem.

Foi apenas nas duas últimas décadas que os trabalhos de pesquisadores como Read (1971, 1986); Ferreiro e Teberosky (1985); Marsh (Marsh e Desberg, 1983; Marsh, Friedman, Desberg e Saterdahls, 1981; Marsh, Friedman, Welch e Desberg, 1980); Frith (1980, 1985) e outros permitiram-nos começar a compreender os estágios que descrevem a evolução da leitura e da escrita na criança. Os trabalhos anteriores voltados para a análise dos processos de aquisição da leitura e escrita eram predominantemente pedagógicos, discutindo os métodos de ensino mais do que a aprendizagem. Alguns educadores supunham que a percepção da criança seria global e, portanto, o ensino da escrita deveria ser global. Em primeiro lugar, as crianças deveriam aprender a reconhecer frases e palavras para, posteriormente, analisarem palavras em termos de seus elementos menores, as sílabas e as letras. Em contrapartida, outros educadores acreditavam que a criança deveria aprender primeiro os elementos mais simples as letras — para depois reuni-los em sílabas e palavras, que seriam elementos mais complexos.

As controvérsias entre métodos de ensino consideravam a leitura como uma tarefa basicamente perceptual e discutiam principalmente a natureza da percepção infantil como a razão para a escolha desse ou daquele método de ensino. Foi exatamente essa concepção de leitura como uma tarefa perceptual que resultou no fato de serem as primeiras hipóteses sobre dificuldades de leitura explicações perceptuais, sendo as crianças que demonstravam dificuldades de aprendizagem encaminhadas, em primeiro lugar, para oftalmologistas. Na realidade, essas controvérsias entre métodos não consideravam a natureza representativa da língua escrita, nem sua relação com a língua falada. Além disso, elas não contribuíam para a compreensão das mudanças que caracterizam a evolução da aprendizagem da leitura e da escrita, as quais são discutidas a seguir.

A. A evolução no processo de alfabetização de crianças sem dificuldade de aprendizagem

A natureza representativa da língua escrita e sua relação com a linguagem passaram a ser melhor compreendidas a partir dos trabalhos de Read (1986); Mattingly (1984); Liberman (Liberman, Shankweiler, Liberman, Fowler e Fischer, 1978; Liberman, Shankweiler e Liberman, 1989) e outros. Esses autores insistiram na natureza linguística e representativa da leitura e da escrita, oferecendo evidências, tanto de observação natural como de natureza experimental, para essa concepção da leitura.

Os estágios, descritos hoje na aquisição da língua escrita, são voltados para *o tipo de relação que a criança aparentemente supõe existir entre a língua escrita e a liágua falada*, não tendo relação com o desenvolvimento perceptual. Um estágio é, portanto, caracterizado por uma mudança básica na maneira pela qual a criança aborda as tarefas de escrita e leitura. Numa visão mais radical, as estratégias que a criança usa para ler e escrever, em um estágio, não seriam utilizadas no outro. Uma nova forma de compreender a língua escrita substituiria a anterior, nada restando no estágio seguinte do estágio anterior. De modo semelhante, nenhuma estratégia do estágio subsequente apareceria no anterior. Essa abordagem supõe que um estágio substitui o outro, nega o outro, e não aproveita nada do que foi aprendido anteriormente. Numa perspectiva menos radical, estratégias e conhecimentos adquiridos anteriormente ainda podem ser usados num estágio posterior, pois não existe necessariamente incoerência entre o que foi aprendido antes e o que vem depois. Similarmente, a mudança de um estágio para outro não é necessariamente abrupta, podendo encontrar-se sinais de um estágio posterior no desempenho exibido pela criança num momento anterior. No presente trabalho, não mantemos uma visão radical da noção de estágio. Embora as mudanças de um estágio para outro possam ser consideradas radicais o suficiente para serem vistas como mudanças qualitativas, o que é aprendido num estágio é aperfeiçoado, e não necessariamente abandonado, no estágio seguinte. Os estágios que caracterizam as mudanças de abordagem à tarefa de leitura e escrita são brevemente apresentados a seguir.

1. Correspondência global entre escrita e elementos significativos

Num estágio inicial, as crianças parecem supor a existência de uma relação geral entre os elementos mais significativos da linguagem e as partes identificadas na escrita. Ferreiro e Teberosky (1985) mostraram, por exemplo, que uma criança do pré-escolar, ao tentar descobrir o que está escrito abaixo de uma figura, procura estabelecer uma relação entre os elementos significativos da figura e as palavras. A frase "O PATO NADA NO LAGO" pode ser lida como "PATO, LAGO, FLOR, PLANTA, PLANTA" — uma leitura na qual a criança estabelece a identificação de cada elemento importante da figura com uma das grafias. Nesse momento, a criança não procura relacionar sistematicamente a palavra falada com a palavra escrita, mas pode desenvolver um "vocabulário de grafias" que inclui, por exemplo, seu nome, o nome de refrigerantes ou lojas e outras palavras isoladas. Na terminologia de Baron (1979), as crianças nesse estágio seriam basicamente "chinesas", buscando identificar o significado diretamente pelo desenho da palavra.

É interessante observar que, durante esse estágio, não se pode esperar a existência de correlações entre o número de palavras conhecidas e a consciência fonológica, uma vez que a consciência fonológica não desempenha um papel significativo na aquisição de um "vocabulário de grafias". Estudos que demonstrem a existência ou não de correlação entre leitura e consciência fonológica especificamente entre crianças nesse estágio ainda são escassos e controvertidos. A demonstração de que existem correlações entre a consciência fonológica e a leitura ou escrita nesse estágio indicaria que a criança não aprende, de fato, como um "chinês", tratando a palavra como um todo. Similarmente, o número de palavras que uma criança acumula em seu "vocabulário de grafias" não deveria ter uma relação forte com seu ingresso no estágio seguinte, uma vez que os processos envolvidos na análise fonológica não desempenham papel importante na aquisição do "vocabulário de grafias".

2. O início da análise fonológica

O acúmulo de um "vocabulário de grafias" não é, necessariamente, incompatível com o início de uma análise fonológica. Uma criança pode, por exemplo, aprender duas grafias e descobrir a existência de semelhanças entre elas. Por exemplo, uma menina chamada Natália descobriu a semelhança entre seu nome, a escrita de "Feliz Natal" e a palavra "táxi". Embora seu "vocabulário de grafias" não fosse grande, essa descoberta de semelhanças parece ter facilitado sua passagem às tentativas de análise fonológica, que se sucederam. Não é a quantidade de grafias aprendidas, mas a descoberta de semelhanças que pode facilitar o ingresso da criança no segundo estágio, em que parece descobrir a existência de relações sistemáticas entre elementos fonológicos na linguagem e elementos gráficos na escrita. A passagem do estabelecimento de uma correspondência mais global entre elementos significativos e grafias à compreensão da representação alfabética não se faz diretamente. Muitos estudos mostram a existência de, pelo menos, um estágio intermediário entre a aquisição de um "vocabulário de grafias" e a compreensão do sistema alfabético. Esse estágio intermediário foi descrito pela primeira vez de modo claro por Emilia Ferreiro, pesquisadora argentina. Ferreiro observou que as crianças, antes de atingirem a compreensão do sistema alfabético, buscam primeiro representar cada sílaba das palavras por uma letra. Por exemplo, a palavra "gato" seria representada por duas letras, a palavra "borboleta" por quatro letras etc. A Figura 3 mostra exemplos de grafias produzidas por crianças do pré-escolar utilizando essa concepção pré-alfabética da escrita.

Figura 3
Concepção pré-alfabética da escrita

AA	asa
via	Lucia
EOA	escola
OOEA	borboleta
AAAI	abacaxi
A	pá
AO	bola

As sílabas são as unidades fonológicas mais facilmente reconhecidas pelas crianças em espanhol, como também em português. Em inglês, no entanto, esse estágio pré-alfabético parece não surgir exatamente da mesma forma por duas prováveis razões. Primeiro, a estrutura das sílabas em inglês parece ser muito mais complexa do que a do português. Segundo, existe em inglês uma quantidade muito grande de monossílabos. A representação escrita desses monossílabos, provavelmente, influencia a maneira pela qual as crianças procuram compreender a relação entre letras e sons.

Que unidades infrassilábicas poderiam existir em inglês, permitindo uma melhor representação fonológica dos monossílabos antes do desenvolvimento da concepção alfabética? Rebecca Treiman, pesquisadora norte-americana, analisou a utilização da estrutura dos monossílabos em inglês por crianças e adultos em tarefas de consciência fonológica (Treiman, 1983, 1984 e 1985). Os monossílabos em inglês são frequentemente formados por grupos de sons, tanto em sua parte inicial (*onset*), que precede o som vocálico, como em sua parte final (*rime*), a partir do som vocálico. Por exemplo, a palavra "shrimp" (camarão) é um monossílabo que pode ser dividido em "shr" (*onset*) e "imp" (*rime*). Treiman mostrou que adultos e crianças utilizam essas unidades infrassilábicas em tarefas de subtração e substituição de sons com maior facilidade do que os fonemas. Kirtley, Bryant, MacLean e Bradley (1989) mostraram posteriormente que, ao identificar semelhanças numa tarefa que requeria a divisão dos monossílabos em unidades menores, as crianças saíam-se muito melhor quando a divisão do monossílabo correspondia àquela entre "*onset*" e "*rime*" do que quando a vogal deveria ser separada da consoante final. Esses resultados independiam do fonema em questão.

É possível que as crianças inglesas durante o estágio pré-alfabético busquem representar não as sílabas, mas as partes das sílabas correspondentes à divisão intrassilábica em "*onset*" e "*rime*". Treiman sugere que muitas das produções escritas das crianças no início da alfabetização podem indicar uma tentativa de representar cada uma dessas duas unidades da sílaba por uma letra. Por exemplo, CAR (carro) aparece escrito como "CR", BELL aparece como "BL", JET aparece como "JT". Posteriormente, Goswami e Bryant (1990) argumentaram que essa não é a única explicação para a redução no número de letras representadas — embora possa ser a explicação correta. Quando um fonema faz parte de um agrupamento, em vez de constituir uma unidade por si só, sua identificação numa tarefa de análise fonológica pode ser mais difícil. Outros estudos são ainda necessários para que se possa esclarecer melhor a existência e natureza de um estágio pré-alfabético em inglês.

Em síntese, nesse estágio a criança busca uma análise fonológica da palavra e sua representação, mas não alcança essa análise ao nível do fonema. Uma das marcas claras dessa tentativa de representação fonológica que, no entanto, permanece incompleta, reside no fato de que a escrita produzida pela criança não pode ser interpretada sem informações adicionais sobre as condições de produção. Ao tentar ler uma produção como "u au ei ti", esbarramos na impossibilidade de reconstruir todas as palavras sem informações adicionais. Esta produção foi observada quando uma criança do estágio pré-alfabético, usando uma letra para representar cada sílaba e com um conhecimento bastante razoável de letras, escreveu, à sua maneira, a frase "O GATO BEBE LEITE". Uma vez conhecidas as condições de produção — isto é, o que a criança pretendia escrever e como ela estabeleceu as correspondências — a lógica subjacente à sua escrita parece clara.

3. A concepção alfabética de escrita

O estágio descrito anteriormente pode ser visto como uma fase de transição entre uma concepção não fonológica de escrita e uma concepção alfabética. A concepção alfabética consiste em aprofundar ainda mais a análise fonológica da palavra, chegando a unidades mínimas — os fonemas. A criança que se torna consciente dos fonemas tenta estabelecer uma correspondência entre essas unidades da fala e as letras, buscando representar cada fonema através de uma letra. São típicas dessa fase grafias que o adulto consegue interpretar, embora divirjam daquelas ensinadas na escola e tendam a refletir a variedade linguística da criança. Por exemplo, a criança escreve "sapu" porque diz "sapu" e não "sapo"; escreve "bunecu" e não "boneco"; "denti" e não "dente" etc. A consciência das sequências de fonemas gera as representações gráficas das palavras e, portanto, erros, quando a língua falada não corresponde exatamente à língua escrita. São observados erros mesmo quando a professora pede às crianças para realizarem uma cópia. Aquelas crianças que, em vez de tentar simplesmente a reprodução das letras, leem as frases para depois escrevê-las, terminam por escrever erradamente mesmo na presença de modelos.

O primeiro pesquisador a documentar amplamente esta fase alfabética na escrita foi o linguista norte-americano Charles Read (1971, 1986). Read observou que as crianças eram capazes de inventar a ortografia de palavras que nunca haviam aprendido na escola. A representação gráfica produzida pelas crianças incluía, às vezes, semelhanças fonológicas surpreendentes para os adultos, os quais passam a não perceber tão claramente semelhanças entre sons representados por letras distintas na grafia correta. Por exemplo, uma criança escreveu "chruk" para "truck", representando adequadamente a forte aspiração da consoante inicial nesta palavra, que faz com que seu som inicial seja mais parecido a "charles" do que a "top".

Como vimos anteriormente, a consciência do fonema não é uma conquista fácil e, provavelmente, não é adquirida espontaneamente. Esse nível de consciência fonológica está intimamente associado à aprendizagem da leitura num sistema de escrita alfabético, como mostraram Morais e seus colaboradores (Morais, Alegria e Content, 1987) em uma ampla revisão da literatura sobre a relação entre desenvolvimento da consciência fonológica e alfabetização. Embora a consciência de fonemas pareça ser necessária à aprendizagem da leitura e escrita num sistema alfabético, o desenvolvimento dessa consciência é, ele próprio, estimulado pela interação com um sistema de escrita alfabético. Adultos não alfabetizados, bem como adultos que sabem ler e escrever apenas em sistemas não alfabéticos, os quais fazem correspondências globais entre elementos significativos e grafias, demonstram muita dificuldade em tarefas que exigem a consciência dos fonemas (como tarefas de adição e subtração de fonemas). Assim, a ausência da consciência dos fonemas não pode ser vista como uma *deficiência* em sujeitos não expostos à representação alfabética. Essa ausência da consciência do fonema seria melhor descrita como o desconhecimento de uma unidade fonológica do que como a impossibilidade de vir a conhecê-la. Por outro lado, muitos dos adultos analfabetos não mostram um desconhecimento total dos fonemas, apresentando respostas corretas a alguns itens e erradas a outros na mesma tarefa. Não se trata de uma aquisição do tipo tudo ou nada, uma vez que a consciência do fonema pode ser mais difícil ou mais fácil em função da tarefa. Encontrar semelhanças entre palavras que começam com o mesmo fonema, por exemplo, é mais fácil do que subtrair ou acrescentar um fonema a uma palavra.

4. O estágio pós-alfabético

Alguns pesquisadores, Frith (1980, 1985); Marsh (Marsh e Desberg, 1983; Marsh, Friedman, Desberg e Saterdahls, 1981; Marsh, Friedman, Welch e Desberg, 1980) e Nunes (1991), por exemplo, argumentam que o estágio alfabético não pode ser visto como o último no desenvolvimento da concepção de escrita. Uma concepção alfabética "pura" implica na representação sequencial de fonemas por letras, mas as escritas que utilizamos não funcionam dessa maneira. Por exemplo, a diferença entre uma vogal nasal ou não nasal é uma diferença fonêmica. No entanto, a representação da nasalização de uma vogal envolve ou um acento, o til, ou o acréscimo de uma consoante *após a* vogal, sendo que essa consoante não representa nenhum fonema, mas apenas modifica a pronúncia do fonema anterior. Similarmente, o valor sonoro da letra C depende da letra que o segue. Existem, pois, situações que complicam a representação alfabética básica, as quais precisam ser consideradas para que a criança tenha sucesso no domínio da escrita e da leitura.

Essas novas considerações podem ser de dois tipos principais, envolvendo maiores sutilezas na própria representação fonológica ou considerações léxicas.

O primeiro tipo, relacionado a novas considerações na representação fonológica, foi denominado por Marsh de "regras hierárquicas". As regras hierárquicas são importantes tanto na escrita como na leitura, e envolvem a consideração do ambiente em que a letra ou o som se encontram para compreender sua representação. São inúmeros os exemplos dessas regras em Português. Os mais comuns e mais discutidos na escola são o valor do C e do G em função das letras subsequentes, o uso de M e não N antes de P e B, a mudança do som do S para /z/ quando ele se encontra entre vogais e a não utilização de Ç ou SS no início das palavras. No entanto, muitos outros casos são também importantes e, infelizmente, ainda mal compreendidos. Por exemplo, a marcação da sílaba tônica em Português depende do ambiente fonológico e sua compreensão tem, certamente, importantes consequências para a evolução da escrita. Essas regras hierárquicas, porém, ainda não foram suficientemente analisadas. No entanto, já existem indicações de que essas regras hierárquicas não são adquiridas todas ao mesmo tempo, sendo que algumas surgem mais cedo do que outras (Nunes, 1991).

O segundo tipo de consideração importante para o aperfeiçoamento da leitura e, principalmente, da escrita é de natureza léxica, e não fonológica. A existência de um estágio pós-alfabético que envolve considerações léxicas foi documentada inicialmente em inglês por Marsh e seus colaboradores, que constataram que a inclusão de algumas letras na grafia de certas palavras dependia do estabelecimento pelo sujeito de uma analogia entre a palavra em pauta e outra, já conhecida. Por exemplo, a palavra "muscle" em inglês tem um C mudo, o qual pode ser recuperado para a escrita por analogia com a palavra "muscular", na qual o C aparece explicitamente. Similarmente, o passado dos verbos em inglês pode soar como contendo os sons /ed/ (como em "ADMIRED"), como contendo apenas um /d/ final (como em "FISHED"), ou ainda como um /t/ final (como em "HELPED"). Essas variações fonológicas não influenciam a grafia dos verbos no passado, que permanece com a desinência — ED. Marsh salientou que são considerações léxicas, e não fonológicas, que mantêm a grafia constante nesses casos.

Os exemplos de considerações léxicas no nosso idioma determinando a grafia de palavras são também interessantes. Existem sequências sonoras em Português que admitem mais de uma grafia. Por exemplo, a sequência sonora /isse/ pode ser escrita como *ice* ou como ISSE. A fim de escolher corretamente a representação dessa sequência sonora, são necessárias considerações léxicas. Nas palavras "meninice", "burrice" etc. utilizamos o C. Elas são formadas pelo sufixo *ice*, gerador de substantivos abstratos. Em contraste, nas palavras "visse", "fugisse" etc. utilizamos o "ss". A desinência *"isse"* forma o pretérito do subjuntivo. Não existem pistas na sequência sonora para a escolha de uma ou outra representação, mas há indicadores de natureza léxica que nos permitem chegar a uma decisão sobre a grafia correta. É provável que as considerações léxicas, como as regras hierárquicas, não sejam todas adquiridas simultaneamente, mas ainda não se pode contar com estudos mostrando se há uma sequência fixa nestas aquisições ou se a ordem de aquisição das considerações léxicas é variável. A existência de uma ordem fixa pode decorrer da complexidade do conceito léxico utilizado. Por exemplo, pode ser muito mais fácil usar o conhecimento de um radical numa palavra para gerar a grafia de outra palavra com o mesmo radical do que identificar a grafia constante em um sufixo. Passar de "peixe" para "peixaria", mantendo o *x* (em vez de *ch*) na representação do radical, pode ser mais fácil do que usar o conhecimento de que *ice* é um sufixo formador de substantivos e *isse* é uma desinência verbal. Num estudo com crianças de 1ª à 4ª séries, observamos (Carraher, 1985) que todos os sujeitos que escreviam "peixe" com X também escreviam "peixoso", uma palavra inventada que usa um radical real e um sufixo real, com *x*. Similarmente, todos os sujeitos que escreviam "jegue" com *j* também escreviam "jeguinice" com J. No entanto, nem sempre o sufixo *ice* de "jeguinice" foi escrito com *c* pelas crianças. Este estudo foi, entretanto, apenas exploratório e descrições mais detalhadas aguardam novos estudos.

B. Seria o desenvolvimento das crianças disléxicas descrito pelos mesmos estágios no processo de desenvolvimento da leitura e escrita?

O estudo dos estágios na aquisição da leitura e da escrita por crianças sem dificuldade é relativamente simples. Para tal, é suficiente analisarmos o desempenho de grupos de crianças de diferentes idades e níveis de instrução a fim de obtermos comparações sistemáticas no desempenho em função dessas duas últimas variáveis. Embora seja interessante a realização de estudos longitudinais, esses estudos não são absolutamente indispensáveis para análises do desenvolvimento em crianças sem dificuldades de aprendizagem.

No entanto, o mesmo não se pode dizer com relação à análise do desenvolvimento em crianças disléxicas. As dificuldades no estudo do processo de alfabetização nesse caso tornam-se consideráveis. Primeiro, não se pode obter amostras de crianças disléxicas no pré-escolar para realização de uma análise dos estágios iniciais na aquisição de leitura e escrita porque não se pode saber, nessa época, quem são ou serão as crianças disléxicas. Segundo, os estudos transversais têm limitações claras uma vez que, se houver desvios no desenvolvimento, a comparação entre crianças não esclarece muito os processos de desenvolvimento. No entanto, deixando-se de lado as limitações de tais comparações, é possível pelo menos levantar hipóteses relativas a semelhanças ou diferenças no desenvolvimento do processo de alfabetização entre as crianças disléxicas e as outras crianças, a partir de análises sistemáticas de suas produções.

Analisamos as produções escritas de 22 crianças em atendimento decorrente de dificuldade acentuada no processo de alfabetização. As produções escritas foram obtidas pedindo-se à criança que escrevesse uma história. Cada criança produziu seu texto sendo estimulada pelo profissional que, normalmente, já trabalhava com ela. Após obter essas produções, as palavras com erros de ortografia foram isoladas por dois juízes independentes, que as classificaram em categorias de erro ortográfico inicialmente desenvolvidas para análise dos erros de crianças *sem* dificuldade de aprendizagem. Caso os estágios no desenvolvimento da aprendizagem das crianças disléxicas fossem distintos daqueles observados entre as outras crianças, sua produção dificilmente poderia ser classificada de acordo com as mesmas categorias. Por outro lado, se os erros produzidos por crianças disléxicas demonstrassem ser da mesma natureza daqueles produzidos pelas outras crianças, a existência de diferenças qualitativas entre os grupos tornar-se-ia uma hipótese menos provável e as diferenças quantitativas entre os dois grupos poderiam ser melhor analisadas.

As produções escritas mostraram um total de aproximadamente 680 erros (Quadro 1A). Três observações são importantes sobre os resultados da análise desses erros.

Em primeiro lugar, devemos salientar que aproximadamente 97% dos erros foram classificados nas categorias anteriormente desenvolvidas para descrever os erros produzidos pelas crianças *sem* dificuldades de aprendizagem. Portanto, a existência de diferenças qualitativas nos processos de leitura e escrita entre as crianças com dificuldade de aprendizagem e as outras crianças parece pouco provável.

Segundo, em *nenhuma* das crianças, nem mesmo nas da 1ª série, os erros sugeriam ter a criança permanecido no estágio pré-alfabético. Todas as crianças mostravam produções típicas de, pelo menos, uma compreensão alfabética da escrita. Este dado é reforçado pelo fato de que as histórias podiam ser lidas por um examinador que não dispunha de nenhuma informação adicional sobre a condição de produção da escrita, o que contrasta com as produções do estágio pré-alfabético, que só podem ser interpretadas com auxílio de informações adicionais sobre o que a criança pretendia escrever. Das 22 histórias, apenas uma foi lida com muita dificuldade, em virtude de um número grande de omissões de letras e sílabas. No entanto, essas omissões não se observavam em *todas* as palavras. Portanto, as omissões não podiam ser resultado nem de uma concepção

Quadro 1A
Categorias dos erros observados em crianças com dificuldades de aprendizagem (N = 22)

Categorias	Número de erros		Total por categoria e percentual
	Alfab.–2ª sér.	3ª–4ª sér.	
Ausência nasalização	23	04	27 (3,98%)
Omissão de letra	31	04	35 (5,16%)
Origem da palavra	41	15	56 (8,25%)
Regra de contexto	45	13	58 (8,55%)
Segmentação	59	07	66 (9,73%)
Sílaba complexa	31	08	39 (5,75%)
Supercorreção	27	11	38 (5,60%)
Sílaba tônica	49	27	76 (11,20%)
Transcrição da fala	112	45	157 (23,15%)
Troca de letra	83	24	107 (15,78%)
Outros	15	04	19 (2,8%)
Total	516	162	678

pré-alfabética, nem de uma incapacidade total de realizar análise fonológica. As omissões parecem sugerir uma *dificuldade* na realização da análise fonológica ou em sua coordenação com a produção da escrita das palavras. Assim, não se pode explicar as dificuldades das crianças por sua retenção num nível mais elementar do processo de aprendizagem da leitura, que não exija análise fonológica. A concepção alfabética da escrita exibida por todas as crianças nesse estudo constitui, por si só, uma demonstração de sua possibilidade de realizar análises fonológicas e reforça, uma vez mais, a ideia de que as diferenças entre as crianças com dificuldade de aprendizagem e as outras crianças são quantitativas e não qualitativas.

Finalmente, as discrepâncias observadas entre os erros cometidos pelas crianças com dificuldades e pelas outras crianças foram de dois tipos. Por um lado, surgiram erros de omissões de sílabas e letras, quase ausentes em crianças sem dificuldade. Na categoria "omissão de letras ou sílabas" foram classificados aproximadamente 5% dos erros das crianças com dificuldade de aprendizagem. Por outro lado, a diferença quantitativa mais importante foi observada na categoria "troca de letras". Enquanto as crianças sem dificuldade de aprendizagem mostravam aproximadamente 10% de erros nessa categoria, as crianças disléxicas chegavam a exibir uma percentagem de aproximadamente 16%. Similarmente ao que foi exposto com relação aos erros por omissão, não se pode supor uma incapacidade de discriminação entre as crianças com dificuldades, com relação às letras que eram objeto de troca. As trocas não indicavam nem uma escolha randômica das letras (ou seja, 50% de acerto no uso do D, por exemplo, e 50% de acerto no uso do t), nem uma preferência por uma letra sobre outra (por exemplo, uso sempre do D com 100% de acerto no D e 0% de acerto no t). A percentagem de acerto tendia a ser superior ao acaso mesmo entre as crianças que cometiam erros com frequência, um resultado que sugere uma dificuldade na análise fonológica e não uma impossibilidade de discriminação.

As trocas mais frequentes foram entre consoantes surdas e sonoras com o mesmo ponto e modo de articulação — um resultado que se assemelha às trocas de letras entre crianças sem dificuldade de aprendizagem. No entanto, surgiram também com frequência trocas entre m e n. Essas trocas podem, à primeira vista, parecer incompreensíveis pois o *m* e o *n* não têm o mesmo ponto de articulação, embora sejam consoantes sonoras com o mesmo modo de articulação. No entanto, o *m* e o *n* não são usados apenas como consoantes principais, mas também como indicadores da nasalização da vogal anterior. Embora o *m* e o *n* sejam perfeitamente diferenciados em seus usos, mesmo dentro da fase alfabética como consoantes principais, sua diferenciação na marcação da nasal depende da aquisição de regras hierárquicas, que não são apreendidas de imediato na fase alfabética. Além disso, mesmo na posição de consoantes principais, o M e N participam, frequentemente, de duas sílabas simultaneamente: como consoante principal numa sílaba e como marcadores da nasalização, frequentemente opcional, da vogal anterior. Por exemplo, na palavra "mamãe", o segundo *m* é a consoante da sílaba MÃE e, simultaneamente, nasaliza a primeira sílaba. Uma criança que tenha dificuldade em análise fonológica e na aquisição de regras hierárquicas terá dificuldade em compreender a diferença entre o M e o N na posição de marco da nasalização e na posição de consoante principal de uma sílaba. Nesse caso, a dificuldade de utilização do M e do N numa posição pode generalizar-se a todas as outras posições. De resto, a dificuldade na escolha do M ou do N para marcar a nasalização aparece em todas as crianças. Exemplos dos erros observados encontram-se no Quadro 1B.

Em síntese, os resultados observados na análise de erros de crianças com dificuldade de aprendizagem indicam que os estágios pelos quais passam essas crianças no processo de aquisição de leitura e escrita assemelham-se àqueles observados em crianças sem dificuldade. Além disso,

Quadro 1B
Categorias de erros observados

Erros de transcrição da fala
istrela, impada, bulacha, mininisi, ome(m), pexe, nuveim, aneu, revolve(r), passia(r), cauça

Erros de supercorreção
sel (céu), ágoa (água), vasolra (vassoura), vel (véu), professoura, emitação (imitação), fragio (frágil), quintão, atel (ateu), roumã, posseira (pulseira)

Erros por não considerar regras contextuais
camtor, enpada, rrolha, aimda, amaran, mininiçe, vasora, profesora, serote (serrote), asim, gitarra (guitarra), asustada (assustada), emfeite

Erros por não marcar a nasalização
oça (onça), aida (ainda), nuvei (nuvem), roma (romã), iquieto (inquieto), mostro (monstro)

Erros por não conhecer a origem da palavra
jema, bluza, dansaram, omen, pechoso, omsa, vaçora, bulaxa, otel, imitasão, cerrote

Erros em sílabas complexas
uroso (urso), guada (guarda), quilima (clima), jonalismo (jornalismo), jornalimo (jornalismo)

Erras por trocas de letras com sons parecidos
anelivorme (aneliforme), encrassado (engraçado), glima (clima), blástico (plástico), tivam (divã)

Erros de marcação da sílaba tônica
Peixi, passea (passear), infeiti (enfeite), revolver, casto (castor).

Observação: em algumas das palavras aparecem erros além daquele que está sendo exemplificado; estes não foram corrigidos para permanecermos fiéis à observação, porém esperamos que este procedimento não gere confusão quanto ao erro a ser considerado no exemplo.

Adaptado de Carraher (1985)

esses resultados indicam, claramente, que as dificuldades dessas crianças não residem num atraso no desenvolvimento de uma compreensão alfabética de leitura nem numa impossibilidade de realizar análises fonológicas. As indicações observadas são todas no sentido da existência de uma dificuldade na realização das análises fonológicas e sua coordenação com a representação escrita, de modo especial quando estão envolvidas regras que exigem à criança ir além da fase alfabética. Nesse sentido, os resultados da análise de erros de crianças com dificuldade de aprendizagem confirmam aqueles obtidos em estudos epidemiológicos e sugerem a existência de diferenças quantitativas, e não qualitativas, entre as crianças disléxicas e as outras crianças.

C. Relações entre o desenvolvimento da escrita e da leitura

Até agora, vimos tratando leitura e escrita de modo indiferenciado, falando em estágios no desenvolvimento dessas duas habilidades, sem considerar as diferenças entre leitura e escrita. No entanto, existem algumas diferenças entre elas. Por exemplo, ao dominar a regra hierárquica para a pronúncia do G antes do E e do I, a criança não tem mais dificuldade em *ler* "geladeira". No entanto, ao *escrever* a palavra "geladeira", ela poderá não saber se deve usar G ou J. A regra hierárquica, nesse caso, é suficiente para a leitura, mas não para a escrita.

Muitos estudos indicam que. os processos utilizados pelas crianças quando leem e escrevem não são exatamente os mesmos. A relação entre leitura e escrita não é uma simples questão de passar de som para letra na escrita e inverter esse processo, passando de letra para som na leitura. Dois tipos de estudo indicam claramente a existência de diferenças entre leitura e escrita: os estudos que analisam as discrepâncias entre leitura e escrita nas mesmas crianças e os que analisam as interferências com a execução dessas habilidades.

Entre os estudos que mostraram discrepâncias entre leitura e escrita na mesma criança, o pioneiro foi realizado por Bryant e Bradley (1980), na Inglaterra. Eles argumentaram ser perfeitamente compreensível que algumas crianças consigam ler palavras que não conseguem escrever. Essa superioridade da leitura sobre a escrita poderia ser facilmente explicada pelo fato de que, ao ler, as crianças precisam apenas *reconhecer* a palavra, enquanto ao escrever, elas precisam produzir todas as letras na ordem correta. No entanto, se for possível demonstrar a existência de discrepâncias também no outro sentido — ou seja, demonstrar que existem palavras que as crianças sabem escrever, mas depois não conseguem ler — esse tipo de resultado demonstraria uma diferença nos processos envolvidos na execução da leitura e da escrita.

Para examinar essa possibilidade, Bryant e Bradley apresentaram a crianças de 6 e 7 anos (isto é, no segundo e terceiro anos da alfabetização) uma lista de palavras para serem lidas e escritas em diferentes ocasiões, com um ou dois dias de intervalo. Eles observaram que as discrepâncias entre leitura e escrita podiam ocorrer nos dois sentidos, ou seja, havia palavras que as crianças sabiam ler, mas não escrever e outras que as crianças sabiam escrever, mas não conseguiam ler. Em geral, as palavras que eram lidas corretamente, embora as crianças não soubessem escrevê-las, eram palavras irregulares do ponto de vista da correspondência letra-som, porém muito frequentes. Por isso, as crianças podiam ler essas palavras utilizando estratégias não analíticas, como as descritas para o primeiro estágio de leitura. Em contraste, as palavras que as crianças sabiam escrever, mas não conseguiram ler, eram predominantemente regulares do ponto de vista da correspondência letra-som. Assim, Bryant e Bradley deduziram que, nessa idade, as crianças escrevem predominantemente usando estratégias fonológicas, mas sabem ler usando estratégias não analíticas. A discrepância entre as estratégias usadas na execução da leitura e da escrita tendiam, no entanto, a desaparecer a partir de 7 anos.

Bryant e Bradley decidiram, então, provocar o uso de estratégias fonológicas na leitura de palavras regulares, a fim de verificar se era possível obter a utilização, na leitura, dessa estratégia que as crianças já usavam para escrever. Eles elaboraram uma lista de palavras inventadas, cuja leitura seria correta se realizada por meio de estratégias fonológicas, e ensinaram às crianças que era preciso ler as palavras inventadas usando uma estratégia fonológica. Na lista das palavras inventadas, Bryant e Bradley inseriram também todas as palavras que as crianças não haviam conseguido ler anteriormente, mas que tinham escrito corretamente. Nessas condições, as crianças leram muitas das palavras que haviam escrito, mas não lido anteriormente. Esse resultado mostra que as crianças eram, de fato, capazes de analisar as palavras fonologicamente ao escrevê-las, mas não conseguiram ler as palavras porque, nesse momento de sua aprendizagem, não usavam habitualmente a análise fonológica ao ler. Posteriormente, numa fase mais avançada da aquisição da leitura, a discrepância entre o vocabulário visual e a capacidade de escrever tendeu a desaparecer, uma vez que as crianças de 7 anos liam todas as palavras que sabiam escrever.

É possível que resultados como os obtidos por Bryant e Bradley sejam provocados por métodos globais de ensino no início da alfabetização. Esses métodos levam à formação de um vocabulário visual, que permite o reconhecimento de palavras encontradas com uma certa frequência, mas não é muito efetivo na escrita, uma vez que as palavras precisam ser produzidas com todos os detalhes. No entanto, o efeito do tipo de método utilizado no ensino sobre a discrepância entre leitura e escrita ainda não foi analisado.

Bryant e Bradley (1983) realizaram ainda um segundo tipo de estudo para analisar as diferenças entre as estratégias usadas na leitura e na escrita. Esses estudos examinam as consequências de interferências provocadas experimentalmente sobre a análise fonológica durante a leitura e a escrita. Se uma criança tiver de repetir continuamente uma palavra, será muito difícil para ela realizar, ao mesmo tempo, a análise fonológica de palavras que lhe apresentamos ou para ler ou para escrever. Caso a análise fonológica seja importante para a realização da tarefa de leitura e/ou escrita, o desempenho nestas tarefas deverá mostrar os efeitos dessa interferência ou no tempo necessário para a execução da tarefa ou no número de erros.

Bryant e Bradley realizaram diversos experimentos utilizando essa metodologia. Nesses estudos, as crianças deveriam ler, uma por uma, palavras impressas em um cartão, abaixo das quais se encontrava um desenho, e decidir se a palavra correspondia ao objeto desenhado. Por exemplo, a palavra poderia ser "HOUSE" (casa) e o desenho também. As crianças deveriam colocar em uma pilha os cartões em que houvesse correspondência entre palavra e figura e, em outra, aqueles em que não se observasse essa correspondência. Na tarefa de escrita, as crianças deviam simplesmente escrever palavras ditadas. Na condição de interferência fonológica para ambas as tarefas, as crianças deveriam repetir continuamente uma palavra, enquanto na condição sem interferência essa repetição não era exigida da criança.

De um modo geral, os resultados desses estudos indicaram efeitos claros da interferência fonológica sobre a escrita, mas não sobre a leitura em inglês. Esse padrão de resultado sugeriria que a leitura pode ser executada por meio de estratégias que não envolvem análise fonológica, enquanto o mesmo não se pode dizer sobre a escrita. É necessário, porém, termos cuidado antes de generalizarmos esses resultados. As palavras utilizadas nesses estudos foram sempre muito frequentes e, em geral, monossílabas. Embora os monossílabos exijam análise fonológica em sua representação alfabética, a quantidade de análise requerida para a realização da leitura de um monossílabo certamente não é a mesma necessária à leitura de uma palavra polissílaba. Além disso, conforme comentamos anteriormente, existe a possibilidade de que os métodos globais permitam a aquisição de um vocabulário visual, o qual pode ser usado para a leitura de algumas palavras — menores e mais frequentes — mas não de todas. É importante, pois, considerar-se o efeito dos métodos de instrução e do tamanho das palavras sobre as estratégias usadas na leitura.

Kimura e Bryant (1983) compararam os resultados obtidos em inglês com aqueles observados quando crianças japonesas liam e escreviam sob condição de interferência fonológica, utilizando uma escrita silábica, o *kana*, ou uma escrita logográfica (com um sinal gráfico por palavra), o *kanji*. Eles obtiveram diferenças no efeito da interferência fonológica em função do tipo de escrita utilizado. O desempenho das crianças japonesas sofreu os efeitos da interferência fonológica tanto quando elas liam como quando escreviam *utilizando a escrita silábica*. Portanto, as crianças não usavam estratégias independentes de análise fonológica ao ler e ao escrever japonês usando a escrita silábica, um resultado que diverge daquele observado em inglês. Em contraste, quando as crianças japonesas utilizavam a escrita logográfica, a interferência fonológica não influenciou negativamente seu desempenho nem ao ler nem ao escrever.

Os resultados dos estudos de Bryant e seus colaboradores indicam, pois, que é difícil a generalização imediata das observações obtidas em uma situação para outra, sendo necessária sua replicação em nosso meio para considerarmos a possibilidade de uso de estratégias não fonológicas na leitura do Português. Morais (1986) realizou essa repetição dos experimentos de interferência fonológica com crianças brasileiras, encontrando um efeito significativo da interferência fonológica tanto sobre a escrita como sobre a leitura em crianças que haviam sido alfabetizadas pelo método silábico. Esse efeito tornava-se menos pronunciado à medida que as crianças avançavam na aprendizagem, o que sugere que as crianças mais velhas dominam melhor as habilidades de análise fonológica, sendo capazes de realizá-la mesmo sob interferência. O efeito também era mais acentuado no que dizia respeito à leitura de palavras mais longas, que exigem maior quantidade de análise fonológica, do que de palavras mais curtas, porém ainda era significativo na leitura de palavras curtas. Dessa forma, Morais não encontrou evidências do uso de estratégias não fonológicas entre crianças brasileiras alfabetizadas por um método silábico, observando haver consistência entre as estratégias utilizadas pelas crianças para ler e para escrever desde o início da alfabetização.

As diferenças iniciais entre as estratégias usadas na leitura e na escrita observadas entre crianças inglesas e a integração posterior entre essas habilidades sugeriram a Bryant e seus colaboradores a possibilidade de que essa desconexão entre estratégias de leitura e escrita permanecesse por mais tempo entre crianças com dificuldade de aprendizagem do que nas outras crianças. Bryant e Bradley (1980) utilizaram a metodologia de apresentar às crianças as mesmas palavras para serem lidas e escritas com um certo intervalo de tempo entre as tarefas. Bryant e Bradley compararam um grupo de 60 crianças disléxicas de 10 anos de idade e nível de leitura equivalente ao de crianças de 7 anos com um grupo de 30 crianças com o mesmo nível de leitura. Eles observaram que as crianças disléxicas apresentavam um número significativamente maior de palavras que sabiam ler, mas não escrever, ou escrever, mas não ler, do que as crianças sem dificuldade de aprendizagem. Como a idade dos 7 anos tinha sido anteriormente detectada como aquela em que as estratégias de leitura e escrita tendem a convergir, Bryant e Bradley concluíram que a desconexão entre as estratégias usadas na leitura e na escrita tende a permanecer por mais tempo nas crianças disléxicas do que nas outras crianças.

Outra pesquisadora inglesa, Uta Frith (1980), investigou mais detidamente a questão das diferenças entre leitura e escrita em crianças com 12 anos de idade, uma idade em que as dificuldades persistentes de escrita ou leitura estão bem estabelecidas. Ela selecionou um grupo de 120 crianças com inteligência normal e com desempenho comparável nos testes de inteligência verbal, as quais podiam ser classificadas em três grupos. No grupo A estavam incluídas crianças com níveis de leitura e escrita apropriados para sua idade cronológica. No grupo B foram incluídas crianças que liam em nível apropriado para sua idade, mas cuja ortografia estava abaixo de seu nível de leitura e sua idade. No grupo C foram incluídas crianças com níveis de leitura e ortografia inferiores a sua idade cronológica e abaixo do esperado, de acordo com sua inteligência. Frith apresentou, então, a essas crianças uma lista de palavras reais e outra de palavras inventadas e comparou os tipos de erros cometidos pelos três grupos de crianças nestas duas listas. As crianças do grupo A, que liam e escreviam no nível apropriado para sua idade, mostraram um menor número de erros de ortografia do que as dos dois outros grupos, que apresentaram números de erros semelhantes. No entanto, os erros de ortografia das crianças dos grupos A e B assemelhavam-se em qualidade, enquanto os erros das crianças do grupo C eram qualitativamente diferentes dos das crianças do grupo B, embora fossem quantitativamente iguais. Nas crianças dos grupos A e B, a maioria dos erros de ortografia nas palavras reais consistia numa representação fonológica apropriada da palavra, mas que não levava em consideração outros aspectos da ortografia, como os aspectos léxicos, necessários à escolha de uma grafia quando mais de uma poderia ser utilizada do ponto de vista fonológico. Nos grupos A e B, 73% e 67% dos erros, respectivamente, foram classificados nessa categoria de erro. Em contraste, as crianças do grupo C, que liam e escreviam abaixo do esperado para sua idade e nível de inteligência, mostraram apenas 45% de erros nessa categoria, sendo 49% dos seus erros de ortografia classificados na categoria de representação fonológica inadequada. Dentre as representações fonológicas inadequadas, um número muito grande de erros consistia no desrespeito às regras hierárquicas, um tipo de erro que foi classificado por Frith como uma violação da representação fonológica adequada, em virtude de já ser esperado de crianças nessa idade o domínio das regras hierárquicas. A análise da ortografia gerada para as palavras inventadas mostrou resultados semelhantes: 93% das grafias geradas pelas crianças do grupo A e 85% das grafias geradas pelas crianças do grupo B consistiam em representações fonológicas adequadas das palavras inventadas, enquanto apenas 67% das grafias geradas pelas crianças do grupo C eram representações fonológicas adequadas.

Esses resultados mostram dois aspectos principais na análise das relações entre os processos envolvidos na leitura e na escrita. Primeiro, a desconexão entre leitura e escrita observada em crianças disléxicas é um dos aspectos de seus problemas, mas não constitui uma explicação causal para as dificuldades encontradas por essas crianças. Se a desconexão entre leitura e escrita fosse a causa das dificuldades de aprendizagem, não deveríamos encontrar no grupo de crianças que leem bem, mas têm dificuldades com a ortografia, erros qualitativamente semelhantes aos das crianças que não têm problemas de ortografia. Segundo, uma vez mais fica confirmada a dificuldade das crianças disléxicas na realização de análises fonológicas, uma vez que o tipo de erro observado entre crianças disléxicas mostra muitos desvios da representação fonológica adequada e menor utilização de regras hierárquicas.

Conclusões

A análise comparativa do desenvolvimento nos processos de escrita e leitura não mostra a existência de estágios diferentes nessa evolução para as crianças disléxicas e as outras crianças. Os estágios nesse desenvolvimento parecem ser os mesmos para os dois grupos de crianças. Além disso, as dificuldades das crianças disléxicas não podem ser explicadas como sua retenção num estágio muito inicial da aprendizagem. Todas as crianças que estudamos haviam claramente superado o estágio inicial da análise fonológica, que na escrita do Português corresponde às escritas silábica e silábico-alfabética. O que fica claramente documentado por essa análise é que as crianças disléxicas chegam ao estágio alfabético, mas continuam enfrentando dificuldades na realização da análise fonológica, o que resulta, na escrita, em erros por troca e omissão de letras com maior frequência do que se observa em outras crianças, bem como em dificuldades acentuadas no domínio das regras hierárquicas, que requerem análises fonológicas mais complexas. No entanto, fica claro, também, que novos estudos são necessários para um aprofundamento das dificuldades encontradas no domínio de regras hierárquicas e das considerações léxicas necessárias ao aperfeiçoamento da escrita. Além disso, uma quantidade substancial desses estudos volta-se para a ortografia, certamente em decorrência da maior facilidade de registro dessas respostas. Estudos sobre os problemas de leitura e suas características são indispensáveis para uma melhor compreensão da questão.

V

Questões práticas sobre as dificuldades de aprendizagem da leitura e da escrita

Discutimos, até agora, estudos realizados sobre a incidência, as causas e a natureza das dificuldades de aprendizagem da leitura e da escrita. O impacto desses estudos sobre a prática psicológica voltada para a análise das dificuldades de leitura será discutido a seguir. Em primeiro lugar, será analisada a prática psicológica relacionada ao diagnóstico das dificuldades de leitura e escrita, considerando as categorias existentes no sistema escolar para classificação das crianças e uma amostra de diagnósticos oferecidos por profissionais sobre crianças com dificuldade de aprendizagem. A seguir, serão feitas considerações sobre as implicações dos estudos apresentados anteriormente para a renovação da prática psicológica, tanto no que diz respeito ao diagnóstico como ao apoio às crianças com dificuldade de aprendizagem de leitura e escrita. Finalmente, considerações de natureza social, essenciais à compreensão do fracasso da criança na aprendizagem da leitura e escrita, serão apresentadas, a fim de colocar em perspectiva a ideia de dificuldade e fracasso no sistema escolar público brasileiro.

1. O diagnóstico das dificuldades de aprendizagem de leitura e escrita

Como vimos anteriormente, a identificação da dislexia depende da demonstração de que existe uma defasagem entre o desempenho esperado de uma criança em leitura e escrita a partir de seu nível intelectual e o desempenho efetivamente observado. A fim de identificar essa defasagem, são necessários instrumentos de avaliação da inteligência e do nível de leitura que estejam correlacionados significativamente. Na prática, no entanto, esse procedimento ao nível individual deve ser complementado por outras considerações, uma vez que as correlações entre testes de inteligência e desempenho em leitura não são perfeitas.

Para compreendermos a prática de diagnóstico de dificuldades de leitura no Brasil, é necessário considerar, em primeiro lugar, que esse é um diagnóstico *inexistente* nas categorias de deficiências oficialmente utilizadas no sistema de ensino público, na maioria dos Estados. Em Pernambuco, por exemplo, onde esse trabalho foi realizado, as crianças com múltiplas repetências na 1ª série, em consequência de dificuldades com o processo de alfabetização, são avaliadas por psicólogos e pedagogos, que podem simplesmente devolvê-las às classes regulares, por não serem elas portadoras de deficiências, ou podem classificá-las em uma das seguintes categorias, recomendando atendimento especial: (a) deficiente visual; (b) deficiente auditivo; (c) deficiente mental; (d) deficiente múltiplo. Portanto, não existe, oficialmente, espaço para o reconhecimento de dificuldades específicas de leitura. Se a criança não apresentar alguma das deficiências oficialmente reconhecidas, ela não merecerá atenção especial.

A fim de descrever melhor a prática quanto às dificuldades de aprendizagem de leitura no Brasil, examinamos uma amostra de diagnósticos, os quais foram realizados individualmente por um total de 22 profissionais, sendo 13 psicólogos e nove pedagogos, alguns dos quais trabalhando em instituições públicas (Buarque, 1989) e outros em consultórios para atendimento de clientes particulares. Em todos os casos, as crianças haviam sido encaminhadas aos profissionais em consequência de suas dificuldades de aprendizagem. O nível de detalhamento dos diagnósticos oferecidos pelos profissionais atuando em consultórios particulares mostrou ser claramente superior ao daqueles oferecidos por profissionais atuando em instituições públicas. Profissionais atuando em clínica particular tendiam a incluir em suas sínteses informações claras sobre os instrumentos utilizados na avaliação das crianças, o que possibilita identificar a origem das conclusões a que se chegou no diagnóstico. Em contraste, os profissionais atuando em instituições públicas tendiam a apresentar apenas suas conclusões, devendo nossa análise basear-se em hipóteses sobre os instrumentos utilizados em cada caso. No entanto, nesses últimos casos, frequentemente as conclusões revelam indiretamente as fontes de informação, uma vez que o desempenho das crianças é descrito conforme subtestes de um teste (por exemplo, os subtestes do WISC).

Dentre os profissionais de instituições públicas, nenhum analisou, em detalhes, o desempenho apresentado pelas crianças, quer em leitura quer em escrita. Ocasionalmente, surgiam observações sobre conhecimento de letras ou inversão de letras e números. Dentre os profissionais atuando em consultórios particulares, frequentemente o desempenho em leitura e escrita foi analisado mais minuciosamente, a partir de ditados, leituras e interpretações de palavras e/ou textos, sendo estas informações analisadas qualitativamente, uma vez que não existem dados quantitativos resultantes de avaliações padronizadas.

Apesar da ênfase que se dá hoje, na literatura, às habilidades de consciência fonológica, nenhum dos diagnósticos continha informações sobre o desempenho das crianças em tarefas de análise fonológica. As informações sobre linguagem restringiam-se, em todos os casos, a comentários sobre o desempenho no subteste de informações do WISC e, ocasionalmente, a trocas de fonemas na fala.

Por outro lado, todos os diagnósticos continham informações sobre o desempenho na área de motricidade, incluindo informações sobre a qualidade do traçado e rapidez na execução. Os diagnósticos provenientes de consultórios particulares continham, ainda, informações sobre a lateralidade.

Conforme acordo geral na literatura, as dificuldades de aprendizagem de leitura e escrita não foram atribuídas a processos afetivos. A natureza dessas dificuldades, implícita ou explícita, nas análises contidas nas sínteses diagnósticas foi, em todos os casos, ou de natureza cognitiva (nível intelectual) ou relacionada à psicomotricidade, incluindo-se aqui desvios perceptuais, motores e lateralidade cruzada.

É interessante observar que, ao examinarmos as avaliações elaboradas pelos psicólogos e pedagogos provenientes de instituições públicas, chamou-nos a atenção a superposição da linguagem utilizada por esses profissionais, fato este que evidencia duas questões. Primeiro, não parece nítida a fronteira de atuação entre esses dois profissionais de campos afins, mas não idênticos; segundo, a identidade da linguagem utilizada em duas avaliações distintas, ainda que distante do que hoje as pesquisas apontam acerca de leitura e escrita, tem notável peso sobre a criança, uma vez que são dois profissionais independentes que estão avaliando e referendando a situação do aluno que demonstra dificuldade na aprendizagem.

As orientações sobre tratamento incluíam sempre, no caso dos diagnósticos processados em instituições públicas, recomendações de atendimento individualizado e acompanhamento de natureza pedagógica. Frequentemente surgiam recomendações para que a criança fosse treinada nas habilidades correspondentes a subtestes do WISC, em consequência de um desempenho insuficiente nos mesmos. As recomendações provenientes de diagnósticos realizados na clínica particular demonstraram maior variedade, incluindo vários tipos de atendimento (em psicomotricidade, psicoterapia, acompanhamento psicopedagógico) e, quase sempre, recomendações para que a criança fosse exposta à leitura e envolvida, mais sistematicamente, em interpretação de textos.

Novamente, pudemos fazer algumas observações acerca do encaminhamento sugerido nos laudos pelos profissionais de instituições públicas e particulares. As crianças das camadas populares, clientela da escola pública, avaliadas como portadoras de dificuldade de aprendizagem em decorrência das multirrepetências na 1ª série são, em geral, encaminhadas às classes especiais na área de deficiência mental, ainda que, em suas sínteses diagnósticas, não haja menção a um déficit de inteligência; em contraste, as crianças de classe média, também portadoras de dificuldades de aprendizagem em leitura e escrita, são encaminhadas para um atendimento especializado, tal como fonoaudiológico ou psicológico, *permanecendo* nas classes regulares que estão frequentando. A decisão nesse encaminhamento é, portanto, fundamental para a vida escolar da criança, sobretudo aquela proveniente da classe popular, uma vez que, se de escola pública e em classe especial, o aluno terá um programa de estudo mais lento, dividindo-se o assunto de um ano em dois e retornando-se às atividades consideradas "básicas" à alfabetização, trajeto este já percorrido pela criança. Sem nos determos no problema que constitui ser "aluno de classe especial" dentro de uma escola, apontamos, como problema crucial, o fato de o aluno com dificuldade de aprendizagem específica em leitura e escrita permanecer à margem de uma classe regular sem o atendimento específico às dificuldades que foram decisivas para o seu encaminhamento à classe diferenciada. Esta ausência de atendimento especializado também se estende às crianças que retornam às classes regulares por não serem consideradas casos de atendimento em classe especial.

Em síntese, as dificuldades de aprendizagem da leitura e escrita foram tratadas como relacionadas ao nível intelectual ou à motricidade, ainda que ocasionalmente surgissem indicações sobre a troca de fonemas na fala. Os diagnósticos não podiam apoiar-se na defasagem entre o desempenho esperado a partir do nível intelectual e o observado uma vez que não existem parâmetros para a avaliação desta defasagem no Brasil. Os fatores ligados à habilidade de realizar análise fonológica, usualmente associados à dislexia, não foram avaliados nos diagnósticos considerados, demonstrando o pequeno impacto dos estudos na área sobre a prática clínica no Brasil.

Dentre os fatores que explicam essa defasagem entre teoria e prática, é necessário considerar a quase total ausência de estudos brasileiros que possibilitem o conhecimento da epidemiologia das dificuldades de aprendizagem da leitura e escrita no Brasil e as dificuldades resultantes do fato de que uma parte considerável da população infantil fracassa na alfabetização por causa de problemas de ordem social, o que dificulta a criação de medidas padronizadas para análise da dislexia em nosso meio.

2. Implicações para a renovação da prática psicopedagógica

Uma das lições importantes desta revisão da literatura para a prática no diagnóstico e tratamento das dificuldades de aprendizagem da leitura relaciona-se às conclusões a que chegamos com respeito à controvérsia sobre a natureza das diferenças entre as crianças disléxicas e as outras crianças. Se as diferenças entre esses dois grupos de crianças forem, de fato, quantitativas, como indicam os resultados dos estudos analisados, a prevenção e o tratamento das dificuldades de aprendizagem da leitura não exigem medidas excepcionais. Qualquer medida educativa que beneficie as crianças com menor dificuldade na realização da análise fonológica das palavras e das sílabas também beneficiará as crianças com maior dificuldade. Como os estudos indicam que, quanto maior o desenvolvimento da consciência fonológica, maior o progresso da criança nas habilidades de leitura e escrita, independentemente da fase em que esta criança se encontra, as atividades que proporcionarem às crianças a oportunidade de realizar análises fonológicas com maior facilidade serão benéficas a todas as crianças em diversas fases da alfabetização.

Esta é uma conclusão importante, pois ela sugere medidas educacionais que podem ser benéficas a qualquer criança. No entanto, as possibilidades de alteração radical dos quadros de progresso na alfabetização em consequência de uma só medida educativa não devem ser superestimadas. Muitos estudos ainda são necessários para o melhor entendimento dos processos que orientam o desenvolvimento da criança durante a alfabetização e, até mesmo, para que se possa avaliar o verdadeiro cenário da alfabetização no Brasil.

Em primeiro lugar, como foi salientado, não dispomos de estudos amplos que descrevam, em linhas gerais, que progresso se pode esperar das crianças no decorrer de um, dois, três anos etc. de instrução em leitura e escrita. Não existe nenhum indicador brasileiro para se avaliar o progresso de uma classe ou escola, por exemplo, com relação ao esperado para qualquer nível de instrução. Nos países de língua inglesa, por exemplo, os instrumentos que avaliam o nível de leitura das crianças são oficialmente utilizados como indicadores do progresso que o aluno realiza no seu processo de alfabetização bem como apontam, pelos resultados globais das escolas, aquelas instituições que estão realizando um bom trabalho e que, portanto, devem servir de modelo para outras escolas e local de estudo para avaliação dos fatores que estão concorrendo para os desempenhos observados.

A inexistência desses instrumentos de avaliação de nível de leitura em Português significa que professores e educadores *utilizam avaliações intuitivas* sobre o que pensam ser o nível de progresso apropriado ao final de cada série quanto à leitura e escrita. Esta deve ser uma das razões para dados recentes obtidos em pesquisas, tais como os relatados por Buarque (1986), que observou a inconsistência dos critérios utilizados para aprovação/reprovação nas primeiras séries de escolas públicas da cidade do Recife. Analisando uma amostra de 120 crianças, Buarque comparou os resultados finais desses alunos nas escolas aos resultados de dois exames realizados individualmente com essas crianças, um de leitura de frases e outro de uma tarefa de escrita, sob a forma de ditado, em que a criança evidenciaria sua concepção de escrita.

Na tarefa de leitura, 88% dos reprovados não conseguiram ler nenhuma das quatro frases utilizadas, enquanto, no exame de concepção de escrita sob a forma de ditado, os resultados deste mesmo grupo indicaram que 65% não relacionavam sistematicamente a palavra falada à palavra escrita, mas 35% mostravam desempenho superior, nos níveis silábico (29%) e alfabético (6%).

Analisando os resultados dos aprovados, 16,5% também não foram capazes de ler as mesmas frases, enquanto no exame de escrita os resultados indicaram que 68% dos alunos deste grupo escreviam de acordo com uma concepção alfabética, 28% evidenciavam uma concepção silábica e 4%

não relacionavam sistematicamente a palavra falada à palavra escrita.

Esses dados de Buarque evidenciam que os critérios de avaliação em leitura e escrita utilizados pelos professores para aprovar ou reter o aluno mostram uma concordância apenas genérica com as indicações de pesquisa no grupo de crianças *reprovadas*. Eles confirmam, também, os relatados por Ferreiro e Gomez Palácio (1982), que observaram que as crianças dos níveis silábico-alfabético e alfabético tendem a ser aprovadas, o mesmo não ocorrendo com o grupo de crianças de nível silábico, em que metade era aprovada e a outra metade reprovada. É, portanto, urgente a realização de estudos descritivos amplos que possam orientar o acompanhamento do progresso das crianças na aprendizagem da leitura e escrita.

Em segundo lugar, avanços na prática psicopedagógica dependem de análises mais detalhadas dos problemas que as crianças devem resolver para dominar a leitura e a ortografia do português. Alguns estudos iniciais já foram realizados, porém estamos ainda longe de orientações claras para o trabalho com crianças que já se encontram na fase pós-alfabética da escrita. Por exemplo, sabemos que existem regras hierárquicas que devem ser dominadas para que a criança consiga ir além da fase alfabética. No entanto, não existem estudos que indiquem se essa compreensão das regras hierárquicas deve ser obtida espontaneamente pela criança, ou se sua aprendizagem consciente pode determinar progresso significativo. Caso essa segunda hipótese se confirme, que métodos seriam mais adequados para promover essa consciência das regras hierárquicas?

Finalmente, a renovação da prática psicopedagógica depende, também, da concepção da leitura e escrita como atividades-meio. Não se lê apenas para alcançar um decifrado, mas para conhecer o significado de um recado, para aprender sobre um assunto ou ainda como diversão. Os estudos sobre aprendizagem da leitura e escrita, assim como a prática pedagógica, têm dado menor importância à análise das finalidades da leitura e escrita do que ao decifrado. Embora a atividade-meio — o decifrado e a geração de ortografias corretas — não varie drasticamente de uma situação para outra, o efeito das mudanças de finalidade sobre a aprendizagem da leitura e da escrita ainda não é conhecido. Muito da renovação da prática pedagógica, nos últimos anos, refere-se exatamente às tentativas de tornar a leitura e a escrita mais significativas na escola. Os efeitos dessa renovação ainda são pouco conhecidos, embora já existam indicações de efeitos positivos.

3. Progresso e fracasso na alfabetização: a seletividade social do sistema educacional

Finalmente, desejamos lembrar que as discussões precedentes nada indicam sobre a possibilidade de que grupos socioculturais distintos venham a ser atingidos diferentemente pelo fracasso na aprendizagem da leitura e escrita. Sabemos que certos grupos socioculturais tendem a mostrar ritmos mais lentos na alfabetização sem que seja apropriado explicar tais diferenças como uma forma de dislexia. Por exemplo, frequentemente os filhos de imigrantes que não dominam a língua do país em que as crianças estão sendo alfabetizadas mostram ritmo mais lento na alfabetização do que seus colegas nativos. No entanto, essa diferença entre grupos não pode ser enquadrada no conceito de dislexia, uma vez que as oportunidades de aprendizagem da língua oral e escrita que têm os filhos de imigrantes antes de seu ingresso na escola divergem claramente daquelas disponíveis a seus colegas cujos pais falam e leem a língua local. Na verdade, a própria definição de dislexia afasta essa hipótese, uma vez que se considera essencial à identificação da dislexia a necessidade de se demonstrar que a criança teve oportunidades adequadas de instrução. *Dislexia é um termo referente a diferenças individuais, e não a diferenças entre grupos. Diferenças entre grupos socioculturais não podem ser enquadradas dentro da concepção de dislexia, mesmo que se observe uma discrepância entre o nível de leitura observado e aquele esperado a partir do QI.*

No Brasil, a diferença entre as camadas sociais quanto ao sucesso ou fracasso na alfabetização são bem documentadas. Tais diferenças não podem ser relacionadas à dislexia tanto por se tratarem de diferenças entre grupos quanto por estarem intimamente relacionadas a desvantagens nas oportunidades de aprendizagem das crianças das camadas populares em comparação com aquelas das camadas dominantes. Carraher (1989) enfatizou o fato de não podermos interpretar tal desvantagem como causadora de *deficiências*, pois estaríamos confundindo nível de conhecimento e capacidade de aprender. Soares (1985) também enfatiza que as desvantagens das crianças das camadas populares estão claramente ligadas a diferenças nos níveis de conhecimento, pois as crianças das camadas dominantes "convivem com falantes de um dialeto oral mais próximo da língua escrita (a chamada 'norma-padrão culta')" e têm mais oportunidades de contato com material escrito através de leituras que lhes são feitas por adultos, por exemplo.

Tendo deixado claro que as diferenças entre classes não estão ligadas ao conceito de dislexia, desejamos acrescentar alguns comentários que consideram os efeitos das diferenças entre classes sobre a aprendizagem da leitura e da escrita e possibilidades de enfrentamento da questão.

Em primeiro lugar, consideremos as diferenças de dialeto no nível fonológico. Carraher (1989) enfatizou que, usando os mesmos processos psicológicos, crianças de diferentes classes sociais gerarão diferentes números de erros na escrita. Durante a fase em que a criança gera ortografias principalmente a partir de sua representação fonológica das palavras, os erros de transcrição da fala serão mais abundantes em crianças cujo dialeto se afasta mais da norma culta. Esse resultado, bem documentado em inglês por Desberg, Elliot e Marsh (1980), ainda necessita maiores investigações em português para que se possa estudar as estratégias mais adequadas para se lidar com diferenças de dialeto. Em inglês, Desberg e seus colaboradores mostraram, por exemplo, que havia uma relação clara entre a quantidade de diferenças fonológicas e gramaticais documentadas na fala de crianças negras norte-americanas durante uma entrevista e o número de erros de ortografia que elas cometiam ao escrever. No entanto, não era possível prever exatamente que tipo de erro ocorreria a partir da fala da criança. Por exemplo, a consoante representada pelo *th* em inglês, como em *that*, é frequentemente substituída pelo som do *d*, originando a pronúncia /dat/. Embora essa seja uma diferença entre o dialeto negro e a norma padrão do inglês que nos permitiria prever um erro específico na grafia de certas palavras — a substituição de *th* por *d* — Desberg e colaboradores não obtiveram confirmação de que, quanto mais a criança apresentasse essa substituição na fala, mais ela utilizaria a grafia errada. Embora houvesse uma relação quantitativa geral entre o número de diferenças observadas na fala em relação à norma padrão culta e o número de erros ortográficos, a relação entre fala e grafia não permitia predições específicas sobre o tipo de erro. Tal resultado indica que, embora as crianças utilizem um dialeto ao falar, elas provavelmente têm mais de uma representação fonológica da língua à sua disposição. Essa interpretação dos resultados de Desberg e seus colaboradores não é surpreendente, uma vez que, embora falando o dialeto negro, as crianças compreendiam o dialeto falado pelos professores brancos, sendo, portanto, capazes de coordenar as diferenças entre sua pronúncia e a dos professores num sistema semântico único. Os resultados desse estudo indicam a necessidade de analisarmos melhor os erros de transcrição fonética descritos anteriormente e as formas de se lidar com os diferentes tipos de transcrição fonética em sala de aula. Embora diferentes alternativas já tenham sido exploradas para se lidar com esse erro, os resultados desse estudo apontam razões para sua insuficiência. No passado, não era incomum a prática de se buscar corrigir a pronúncia da criança, na esperança de que tal correção resultasse numa melhor aprendizagem da leitura e escrita. Essa prática mostrou-se artificial, pois ninguém fala a norma padrão culta, que é idealizada. Além disso, esse tipo de intervenção mostrou ter efeitos deletérios sobre a aprendizagem, pois trazia como consequência a desvalorização do dialeto falado pela criança e, por afinidade, de sua cultura. Uma outra tentativa observada principalmente com relação ao dialeto negro nos Estados Unidos, envolveu a aceitação e representação das formas fonológicas divergentes em sala de aula. Esperava-se com essa prática valorizar a cultura negra e acelerar o processo de alfabetização, uma vez que a consistência entre letra e som seria maior. Essa abordagem à questão, analisada por Desberg e seus colaboradores (1980), fracassou principalmente por duas razões. Primeiramente, a aprendizagem em sala de aula não encontrava eco fora da sala de aula. Livros, revistas, jornais e anúncios disponíveis fora da sala de aula não estavam escritos representando o dialeto negro, mas a norma padrão culta. Uma segunda explicação para tal fracasso provavelmente relaciona-se ao fato de que as crianças negras dispunham não apenas de representações fonológicas relacionadas a seu dialeto, mas também de representações relacionadas ao inglês falado por outros grupos sociais. Dessa forma, sua tarefa tornou-se, na realidade, mais complexa, pois além das notárias inconsistências entre fonologia e grafia em inglês, as crianças precisavam descobrir que tanto a língua oral como a escrita mostravam formas distintas em contextos diversos. Assim, elas precisavam descobrir dois conjuntos de regras de ortografias para superar as dificuldades de uma concepção alfabética simples.

Em segundo lugar, consideremos as desvantagens das crianças das camadas populares com respeito ao conhecimento das finalidades da leitura, às oportunidades que elas encontram em sua vida cotidiana de tornar a leitura significativa. Sabemos que as oportunidades de exposição das crianças das camadas populares à leitura são mais reduzidas em consequência de viverem em ambientes em que a leitura e a escrita não constituem instrumentos importantes, nem para o trabalho nem para a diversão (Carraher, 1987), enquanto as crianças das camadas dominantes vivem em ambientes de alta valorização da leitura e da escrita (Weber, 1976). Sabemos também que existe nas camadas populares uma alta associação entre a atribuição de significado à leitura e à escrita e o progresso da criança na alfabetização, uma vez que Carraher (1987) observou uma associação clara entre a prática na família de ler para a criança e o sucesso na alfabetização. A leitura feita para a criança nem sempre era de histórias, pois apenas 19% das mães liam histórias para as crianças. Havia uma frequência muito maior de leitura e escrita de cartas para parentes distantes do que para diversão ou trabalho, sendo que 75% das mães registraram utilizarem a leitura e escrita para tal fim. Quando as crianças eram envolvidas nessa comunicação escrita com os parentes ausentes, sua probabilidade de sucesso na alfabetização era significativamente superior à probabilidade de fracasso. Similarmente, Teale e Sulzby (1987) também observaram maior probabilidade de sucesso do que de fracasso na alfabetização de crianças norte-americanas das camadas populares em função da prática familiar de ler para a criança.

Diante do fato de que a atribuição de significado à leitura através de seu uso para algum fim importante tem influência sobre o sucesso das crianças na alfabetização, torna-se clara a necessidade de que a escola promova esse tipo de atividade durante o processo de alfabetização. Essa necessidade é, naturalmente, ainda maior quando se sabe que uma proporção notável de crianças das camadas populares poderá vir para a escola sem ter sido exposta a atividades significativas de leitura e escrita. No entanto, como documentou Buarque (1986), nem a escola pública nem a particular têm assumido a responsabilidade de tornar a leitura e a escrita significativas. As práticas pedagógicas atuais tratam a leitura e a escrita como se ela fosse uma atividade-fim. As crianças leem para praticar a leitura e escrevem para praticar a escrita, desperdiçando-se, assim, as oportunidades de colocar o aluno em contato direto com os mais variados usos que a língua escrita oferece. Se a leitura e escrita fossem pensadas na escola como atividades-meio, os professores se utilizariam de uma enorme gama de situações de uso da língua escrita em sala de aula desde o início da alfabetização. Para que pode o aluno usar a língua escrita desde o início da alfabetização? Sem muito auxílio, para fazer listas com diversas finalidades, para fazer cartazes, para marcar objetos, por exemplo. Porém, na alfabetização o aluno precisa receber o apoio do professor para ler e escrever. Por isso, o professor pode exercer o papel de leitor, quando os alunos querem que alguém leia algo que eles ainda não sabem ler sozinhos (como uma história, um título em uma revista, uma informação em um jornal etc.), ou de escriba, quando os alunos desejarem escrever algo que ainda esteja muito acima de seus conhecimentos (um bilhete, uma história, uma notícia sobre sua sala de aula etc.). O uso da língua escrita em diversas situações, desde a alfabetização, pode mostrar ao aluno que a língua escrita tem várias utilidades, podendo ser uma forma de comunicação, de registro para auxílio da memória, de obtenção de informação sobre o mundo, de diversão etc. Essa variedade de usos pode também mostrar ao aluno que distintas formas de linguagem aparecem quando o uso da língua visa diferentes finalidades, um aspecto da aprendizagem da língua escrita pouco reconhecido na escola hoje. Por exemplo, ao comunicarmos a mesma informação através de carta a um amigo ou ao diretor da escola não podemos utilizar a mesma linguagem. A comunicação pessoal e a linguagem oficial têm formas diferentes. Muitas outras considerações sobre a relação entre finalidade e forma da linguagem precisam ser incluídas na escola, as quais não se restringem às primeiras fases da alfabetização e ao sucesso inicial. O que deve conter um cartaz para que a informação seja completa? Como interpretar e redigir instruções para ir de um lugar a outro ou utilizar um instrumento desconhecido? Como descobrir algo sobre um livro para saber se ele nos pode ser útil antes de comprá-lo ou retirá-lo da biblioteca? Essas questões apenas exemplificam a variedade de situações em que a língua escrita precisa ser utilizada na escola para que o aluno possa apreender as nuances da língua escrita em função da utilização que dela se faz.

A questão dos diferentes usos da leitura e escrita nos remete às oportunidades profissionais que a escola pode abrir para o aluno. Analisando a relação entre tipo de emprego e nível de escolarização, Carraher (1987) observou que a simples alfabetização não abria acesso a novos empregos, nem para mulheres nem para homens da classe trabalhadora. Os empregos não especializados e com pouca estabilidade (como lavadeira ou empregada doméstica, para mulheres, e servente de pedreiro ou jardineiro, para homens) eram igualmente acessíveis a analfabetos e a pessoas com baixos níveis de escolarização. As oportunidades de emprego alteravam-se significativamente apenas a partir da terceira série primária, para as mulheres, as quais passavam a ter acesso a empregos como faxineira em uma instituição ou cozinheira em um restaurante. Para os homens, novas perspectivas abriam-se a partir da quinta série. Homens que tivessem cursado pelo menos essa série constituíam uma proporção significativamente maior do total daqueles engajados em ocupações manuais semiespecializadas (como marceneiro e bombeiro-eletricista), do que os que haviam concluído apenas quatro anos de escola. Portanto, ao contrário do que muitos supõem, a simples alfabetização não parece ter impacto significativo sobre as perspectivas profissionais nas camadas populares. Coerentemente com essa distribuição de tipos de emprego por níveis de escolarização, as mães de crianças das camadas populares não mostravam crer que a simples alfabetização pudesse afetar o futuro profissional de seus filhos. Essa atitude contrasta claramente com aquela das mães das classes favorecidas (Weber, 1976), que viam a alfabetização como instrumento de aprendizagem indispensável ao processo escolar o qual, em última instância, viria influenciar o futuro profissional de seus filhos. Saliente-se, nesse contexto, que a escola não tem considerado suficientemente o papel que o ensino do Português pode ter no desenvolvimento profissional dos alunos. Não é incomum que o aluno saia hoje do segundo grau sem ter sido exposto às variações no uso da língua que o tornariam capaz de redigir adequadamente um ofício ou um requerimento. Não apenas essa forma de uso burocrático da língua é excluída da escola como também o são as diversas formas de argumentação em relatórios científicos. Os livros de ciências, por exemplo, tendem apenas a "narrar fatos", sem preocupação com a natureza da atividade científica, que não é narrativa, mas investigativa e argumentativa. Dessa forma, a descrença observada entre as mães das camadas populares nas oportunidades profissionais que a escola pode abrir para seus filhos não representa um desconhecimento da situação real. Ao contrário, ela reflete o descompromisso da escola com a promoção do desenvolvimento linguístico do aluno, ignorando a relação entre forma e uso da língua no ensino do Português. Tudo se passa como se "saber Português" e "saber Grámatica" fossem exatamente a mesma coisa.

Em síntese, sabemos que o sistema escolar está hoje concebido de tal forma que se pratica, implicitamente, a seletividade social. Às crianças das camadas populares, que vêm à escola com menor conhecimento da norma-padrão e com menos oportunidades anteriores de se envolver em diversos usos da leitura e escrita, não encontram na escola atividades que lhes possam proporcionar esse conhecimento. Em consequência, fracassam em proporções muito maiores na alfabetização do que aquelas crianças que já dominam um dialeto mais próximo da norma-padrão e já tiveram oportunidades de encontrar a leitura e a escrita significativamente. No entanto, salientemos que esse desconhecimento de alguns aspectos da língua não pode, de forma alguma, ser interpretado como uma dificuldade de aprendizagem. O conceito de dislexia relaciona-se a diferenças individuais independentes da escassez de oportunidades de aprendizagem, e não a diferenças no nível de conhecimento da língua que grupos socioculturais distintos possam mostrar ao iniciar o processo de alfabetização.

Referências bibliográficas

BADDELEY, A. D.; ELLIS, N. C.; MILES, T. R.; LEWIS, V. J. Developmental and acquired dyslexia: a comparison. *Cognition*, 11, 185-99, 1982.

BARON, J. Orthographic and word specific mechanisms in children's reading of words. *Child Development*, 50, 60-72, 1979.

BARON, J.; TREIMAN, R. Some problems in the study of differences in cognitive processes. *Memory and Cognition*, 8, 313-21, 1980.

BIRCH, H.; BELMONT, A. Auditory-visual integration in normal and retarded readers. *American Journal of Orthopsychiatry*, 34, 852-61, 1964.

BISHOP, D. V.; BUTTERWORTH, G. E. Verbal-performance discrepancies in relationship to birth risk and specific reading retardation. *Cortex*, 16, 375-90, 1980.

BODER, E. Developmental Dyslexia: a diagnostic approach based on three atypical reading-spelling patterns. *Developmental Medicine and Child Neurology*, 15, 663-87, 1973.

BRADLEY, L.; BRYANT, P. E. Difficulties in auditory organization as a possible cause of reading backwardness. *Nature*, 271, 746-47, 1978.

BRADLEY, L.; BRYANT, P. E. Categorising sounds and learning to read: a causal connection. *Nature*, 301, 419-21, 1983.

BRYANT, P. E.; BRADLEY, L. Why children sometimes write words which they cannot read. In: FRITH, U. (Ed.). *Cognitive processes in spelling*. London: Academic Press, 1980.

_____. Psychological strategies and the development of reading and writing. In: MARTLEW, M. (Ed.). *The psychology of written language*: developmental and Educational Perspectives. Chichester, England: J. Wiley, 1983.

BRYANT, P. E.; IMPEY, L. The similarities between normal children and dyslexic adults and children. *Cognition*, 24, 121-37, 1986.

BRYDEN, M. P. Auditory-visual and sequential spatial matching in relation to reading ability. *Child Development*, 43, 829-32, 1972.

BRUCE, D. J. The analysis of word sounds. *British Journal of Educational Psychology*, 34, 158-70, 1964.

BUARQUE, L. L. Estilos de desempenho de professores de 1ª série e seus efeitos sobre a aprendizagem da leitura. Dissertação (Mestrado) — Universidade Federal de Pernambuco, Recife, 1986.

_____. Avaliação Psicopedagógica do aluno repetente: concepções subjacentes. In: SIMPÓSIO LATINO-AMERICANO DE PSICOLOGIA DO DESENVOLVIMENTO, *Anais...* Recife, Ed. Universitária da UFPE, 1989. p. 133-37.

CARRAHER, T. N. Explorações sobre o desenvolvimento da ortografia em português. *Psicologia*: Teoria e Pesquisa (revista do Departamento de Psicologia da Universidade de Brasília), 1, p. 269-85, 1985.

_____. *Illiteracy in a literate society:* Understanding Reading Failure in Brazil. In: WAGNER, D. (Org.). *The future of literacy in a changing world*. Oxford: Pergamon Press, 1987. p. 95-110.

CARAHER, T. N. *Sociedade e inteligência.* São Paulo: Cortez, 1989.

COLTHEART, M. et al. Surface dyslexia. *Quarterly Journal of Experimental Psychology,* 35, 469-595, 1983.

DENCKLA, M.; RUDEL, R. Rapid Automised Naming: Dyslexia Differentiated from Other Learning Disabilities. *Neuropsychologia,* 14, 471-79, 1976.

DESBERG, P.; ELLIOT, D. E.; MARSH, G. American Black English and Spelling. In: FRITH, U. (Org.). *Cognitive processes in spelling.* London: Academic Press, 1980. p. 69-84.

ELLIS, N.; LARGE, B. The development of reading: as you seek so shall you ind. *British Journal of Developmental Psychology,* 78, 1-28, 1987.

FERREIRO, E.; TEBEROSKY, A. *A psicogênese da língua escrita.* Porto Alegre: Artes Médicas, 1985.

FRITH, U. Unexpected spelfng problems. In: FRITH, U. (Ed.). *Cognitive processes in spelling.* London: Academic Press, 1980.

_____. Beneath the surface of developmental dyslexia. In: PATTERSON, K.; COLTHEART, M.; MARSHALL, J. (Eds.). *Surface dyslexia.* London: Lawrence Erlbaum Ass., 1985.

FRITH, U.; SNOWLING, M. Reading for meaning and reading for sound in autistic and dyslexic children. *British Journal of Developmental Psychology,* 1, 329-42, 1983.

GOSWAMI, U.; BRYANT, P. E. *Phonological skifs and learning to read.* London: Erlbaum, 1990.

GUTHRIE, J. T. Reading comprehension and syntactic responses in good and poor readers. *Journal of Educational Psychology,* 65, 294-99, 1973.

HOLMES, D. R.; McKEEVER, W. F. Material specific serial memory deficit in adolescent dyslexics. *Cortex,* 15, 51-62, 1979.

KIMURA, Y.; BRYANT, P. E. Reading and writing in English and Japanese. *British Journal of Developmental Psychology*, 1, 129-44, 1983.

KIRTLEY, C. et al. Rhyme, rime and the onset of reading. *Journal of Experimental Child Psychology*, 48, 224-45, 1989.

LIBERMAN, I. Y. et al. Children's memory for recurring linguistic and non-linguistic material in relation to reading ability. *Cortex*, 18, 367-75, 1982.

_____ et al. Explicit syllable and phoneme segmentation in the young child. *Journal of Experimental Child Psychology*, 18, 201-12, 1974.

_____ et al. Phonetic segmentation and recoding in the beginning reader. In: A. S. Reber e D. L. Scarborough (Eds.). *Toward a Psychology of Reading*. New York: Lawrence Erlbaum Ass., 1978.

_____ et al. The alphabetic principle and learning to read. In: _____; SHANKWEILER, D. (Eds.). *Phonology and reading disability*. Ann Arbor: The University of Michigan Press, 1989.

_____ et al. Letter confusions and reversals of sequence in the beginning reader: implications for Orton's theory of reading. *Cortex*, 7, 127-42, 1972.

LUNDBERG, I.; OLOFSSON, A.; WALL, S. Reading and spelling skills in the first school years predicted from phonemic awareness skills in kindergarten. *Scandinavian Journal of Psychology*, 21, 159-73, 1980.

LYLE, J. Reading retardation and reversal tendency: a factorial study. *Child Development*, 41, 481-91, 1969.

_____; GOYEN, J. Effect of speed of exposure and difficulty of discrimination on visual recognition of retarded readers. *Journal of Abnormal Psychology*, 84, 673-76, 1975.

MARSH, G.; DESBERG, P. The development of strategies in the acquisition of symbolic skills. In: ROGERS, D. R.; SLOBODA, J. A. (Eds.). *The Acquisition of Symbolic Skills*. New York: Plenum Press, 1983.

_____ et al. Comparison of reading and spelling strategies in normal and reading disabled children. In: FRIEDMAN, M. P.; DAS, J. P.; O'CONNOR, N. (Eds.). *Intelligence and learning*. New York: Plenum Press, 1981.

_____ et al. A cognitive-developmental approach to reading acquisition. In: MacKINNON, G. E.; WALLER, T. G. (Eds.). *Advances in theory and practice of research in reading*. New York: Academic Press, 1980.

_____. The development of strategies in spelling. In: FRITH, U. (Ed.). *Cognitive processes in spelling*. London: Academic Press, 1980.

MATTINGLY, I. G. Reading, linguistic awareness and language acquisition. In: DOWNING, J.; VALTIN, R. (Eds.). *Language awareness and learning to read*. New York: Springer, 1984.

MORAIS, A. G. *O emprego de estratégias visuais e fonológicas na leitura e escrita em Português*. Dissertação (Mestrado) — Universidade Federal de Pernambuco, Recife, 1986.

MORAIS, J.; ALEGRIA, J.; CONTENT, A. The relationships between segmental analysis and alphabetic literacy: an interactive view. *Cahiers de Psychologie Cognitive*, 7, 415-38, 1987.

NUNES, T. Leitura e escrita: processos e desenvolvimento. In: ALENCAR, Eunice (Org.). *Novas contribuições da psicologia aos processos de ensino e aprendizagem*. São Paulo: Cortez, 1991.

ORTON, S. T. "Word blindness" in school children. *Archives of Neurology and Psychiatry*, 14, 581-615, 1925.

_____. Specific reading disability: strephosymbolia. *Journal of the American Medical Association*, 90, 1095-99, 1928.

READ, C. Pre-school children's knowledge of English phonology. *Harvard Educational Review*, 41, 1-34, 1971.

_____. *Children's creative spelling.* London: Routledge and Kegan Paul, 1986.

RODGERS, B. The identification and prevalence of specific reading retardation. *British Journal of Educational Psychology*, 55, 369-73, 1985.

RUTTER, M. Prevalence and types of dyslexia. In: BENTON, A. L.; PEARL, D. (Eds.). *Dyslexia*: an appraisal of current knowledge. Oxford: Oxford University Press, 1978.

_____; YULE, W. The Concept of Specific Reading Retardation. *Journal of Child Psychology and Psychiatry*, 16, 181-197, 1975.

SNOWLING, M. *Dyslexia*: a cognitive developmental perspective. Oxford: Blackwell, 1987.

_____; FRITH, U. The use of sound, shape and orthographic cues in early reading. *British Journal of Psychology*, 72, 83-88, 1981.

SOARES, M. B. As muitas facetas da alfabetização. *Cadernos de Pesquisa*, 52, p. 19-24, 1985.

SPREEN, O. The dyslexias: a discussion of neuropsychological research. In: BENTON, A. L.; PEARL, D. (Eds.). *Dyslexia*: an appraisal of current knowledge. Oxford: Oxford University Press, 1977.

TEALE, W. H.; SULZBY, E. Literacy acquisition in early childhood: the roles of access and mediation in storybook reading. In: WAGNER, D. (Org.). *The future of literacy in a changing world.* Oxford: Pergamon Press, 1987. p. 111-30.

TEMPLE, C.; MARSHALL, J. R. A case study of developmental phonological dyslexia. *British Journal of Psychology*, 74, 517-33, 1983.

TREIMAN, R. The structure of spoken syllables: evidence from novel word games. *Cognition*, 15, 49-74, 1983.

_____. Individual differences among children in reading and spelling styles. *Journal of Experimental Child Psychology*, 37, 463-577, 1984.

_____. Onsets and rimes as units of spoken syllables: evidence from children. *Journal of Experimental Child Psychology*, 39, 161-81, 1985.

TUNMER, W. E.; NESDALE, A. B.; WRIGHT A. D. Syntactic awareness and reading acquisition. *British Journal of Developmental Psychology*, 51, 25-34, 1987.

VELLUTINO, F. R. *Dyslexia*. Cambridge: MIT Press, 1979.

_____. Dyslexia. *Scientific American*, 256, 34-41, 1987.

WEBER, S. *Aspirações à educação*: o condicionamento do modelo dominante. Petrópolis: Vozes, 1976.

WITELSON, S. Sex and the single hemisphere. *Science*, 193, 425-27, 1976.